게임으로 재미있게 배워보는 코딩 첫 시작!!

개정판

YoungJin.com Y.
영진닷컴

마인크래프트로 시작하는 코딩 개정판

Copyright ⓒ2024 by Youngjin.com Inc.
B-10F, Gab-eul Great Valley, 32, Digital-ro 9-gil, Geumcheon-gu, Seoul, Republic of Korea 08512
All rights reserved. No part of this book may be reproduced or transmitted in any form or by any means, electronic or mechanical, including photocopying, recording or by any information storage retrieval system, without permission from Youngjin.com Inc.

ISBN 978-89-314-7770-2

독자님의 의견을 받습니다.
이 책을 구입한 독자님은 영진닷컴의 가장 중요한 비평가이자 조언가입니다. 저희 책의 장점과 문제점이 무엇인지, 어떤 책이 출판되기를 바라는지, 책을 더욱 알차게 꾸밀 수 있는 아이디어가 있으면 팩스나 이메일, 또는 우편으로 연락주시기 바랍니다. 의견을 주실 때에는 책 제목 및 독자님의 성함과 연락처(전화번호나 이메일)를 꼭 남겨 주시기 바랍니다. 독자님의 의견에 대해 바로 답변을 드리고, 또 독자님의 의견을 다음 책에 충분히 반영하도록 늘 노력하겠습니다.

도서문의 : support@youngjin.com
내용문의 : ok2401@hotmail.com
주 소 : (우)08512 서울특별시 금천구 디지털로9길 32 갑을그레이트밸리 B동 10층
       (주)영진닷컴 기획1팀

파본이나 잘못된 도서는 구입하신 곳에서 교환해 드립니다.

STAFF
저자 아샵 이상원 | **총괄** 김태경 | **기획** 현진영 | **디자인 · 편집** 김유진
영업 박준용, 임용수, 김도현, 이윤철 | **마케팅** 이승희, 김근주, 조민영, 김민지, 김진희, 이현아
제작 황장협 | **인쇄** 제이엠

마인크래프트로 배우는 즐거운 코딩!

1980년대 개인용 컴퓨터(PC)가 국내에 보급되기 시작하면서 동시에 사용법, 특히 프로그래밍(Programming)에 대한 교육이 이루어졌습니다. 컴퓨터에게 일을 시키려면 컴퓨터가 알아들을 수 있는 그들만의 언어를 배워야만 했습니다. 문제는 특별한 전문가들이 사용하던 컴퓨터였기에 언어 또한 전문가들 기준으로 사용해야만 했었다는 겁니다. 최소한의 프로그래밍을 위해 수많은 수학적 지식이 필요했었으며, 학생들은 배우지도 않은 수학을 이해하기 어려워 '컴퓨터 언어는 필요 이상으로 어렵다'라고 판단했습니다. 이렇게 컴퓨터 공부를 멀리하는 현상은 다른 나라에서도 같았습니다. 어른들이 공부한 후 아이들에게 알려줘야 하는데 새로운 문물을 아이들의 몫으로 치부하는 나라에서는 특히나 심하게 눈에 보이지 않는 벽이 생겨버린 겁니다. 시간은 흘러, 어른들이 먼저 노력하는 문화를 가지고 있는 유럽의 몇몇 나라들은 컴퓨터 전문가들을 길러내기 시작했고 그렇지 못한 나라는 그들의 결과물에 열광하게 되었습니다. 이에 미국의 지식인들은 아이들이 학교를 졸업하면 어느 정도 수준의 프로그래밍이 가능하도록 교육환경을 제공하기 위한 노력을 시작합니다. 그래서 얻어낸 결과는 '수학을 걷어낸 상태의 컴퓨터 언어를 먼저 가르치자'였고 프로그래밍의 하위에 있는 코딩(Coding)에 대한 교육을 시작하게 됩니다.

이제 다시 과거의 우리나라로 돌아가봅시다. 수학도 잘 모르는데 수많은 컴퓨터 언어들을 배웠습니다. 그 많은 언어들, 지금은 어디에 있나요? 대부분 사라졌습니다. 결론만 명확히 말하자면 지금 어린 친구들이 많은 컴퓨터 언어를 익힌다는 것은 시간낭비가 될 가능성이 높다는 것이며 차라리 그 시간에 이미 알고 있는 마인크래프트로 코딩 공부를 시작하면 좋겠다는 생각에서 만들어진 것이 바로 이 책입니다.

2024년 9월
아삽 이상원

이 책의 차례

CHAPTER 1 마인크래프트로 시작하는 코딩_입문

1.1 스크래치 미니게임

1.2 자바 미니게임

1.3 마인크래프트 미니게임

: 더 재미있는 미니게임 코딩 : 명령어의 데이터 태그

: 더 재미있는 미니게임 코딩 : 건축

: 더 재미있는 미니게임 코딩 : 명령어 도움 기능

CHAPTER 2 마인크래프트로 시작하는 코딩_활용 Ⅰ

2.1 사랑이의 달리기

: 업그레이드 : 달리기

: 더 재미있는 미니게임 코딩 : 건축

2.2 현준이의 건축 빨리 하기

: 업그레이드 : 건축

: 더 재미있는 미니게임 코딩 : 건축

2.3 성민이의 좀벌레 싸움

: 업그레이드 : 좀벌레 싸움

: 더 재미있는 미니게임 코딩 : 스코어보드

: 더 재미있는 미니게임 코딩 : 건축

: 더 재미있는 미니게임 코딩 : 명령어

CHAPTER 3 마인크래프트로 시작하는 코딩_활용 Ⅱ

3.1 지섭이의 좀비 낚시터

: 업그레이드 : 좀비 낚시터

: 더 재미있는 미니게임 코딩 : 플레이

: 업그레이드 : 좀비 낚시터

: 더 재미있는 미니게임 코딩 : 건축

: 더 재미있는 미니게임 코딩 : 명령어

3.2 지민이의 달리기

: 업그레이드 : 달리기 경주

: 더 재미있는 미니게임 코딩 : 명령어

3.3 민건이와 고학년이 함께하는 복합 경기 미니게임

: 업그레이드 : 복합 경기 ❶

: 업그레이드 : 복합 경기 ❷

: 업그레이드 : 복합 경기 ❸

: 업그레이드 : 복합 경기 ❹

: 업그레이드 : 복합 경기 ❺

: 업그레이드 : 복합 경기 ❻

이 책의 구성

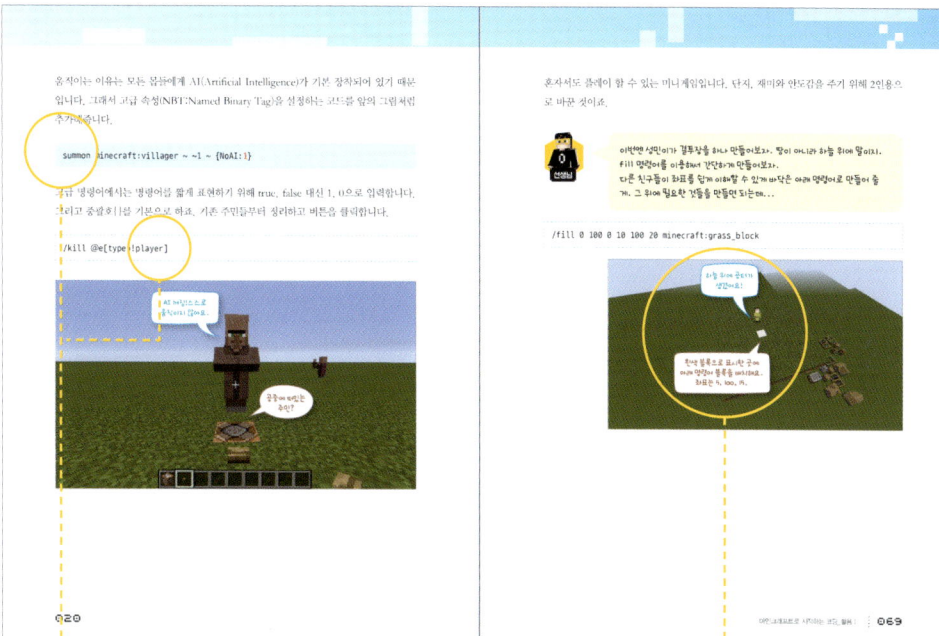

명령어창 구분
책에서 설명하는 명령어창은 채팅창에 입력할 명령어와 콘솔에 입력할 명령어로 구분되어 있습니다.

말풍선 구분
책에서 배우는 말풍선은 플레이어가 하는 말풍선과 저자가 설명하는 말풍선으로 구분되어 있습니다.

CHAPTER 1
마인크래프트로 시작하는 코딩_입문

"코딩 연습을 위해 미니게임을 만드는데 마인크래프트로 가능한가?"에 대한 의문점을 최소한의 페이지로 설명하기 위해 고민한 결과 요즘 초등학생이라면 일반적으로 알고 있는 스크래치(Scratch)를 이용하기로 했습니다. 그리고 스크래치가 익숙하지 않은 어른들을 위해 전세계 사용량 1위인 자바(JAVA)도 함께 이용하기로 했습니다.

다시 말해 동일한 미니게임을 스크래치, 자바, 마인크래프트로 만들어서 서로 비교하며 설명하는 것입니다. 단, 하나의 미니게임만 이렇게 비교할 것입니다. 이 책의 목적은 마인크래프트로 코딩 공부하는 방법을 설명하는 책이니까요.

스크래치와 자바는 원하는 사람만 따라해보세요. 스크래치는 이미 잘 아는 내용일 수 있고, 자바는 앞으로 공부해나갈 대표적인 컴퓨터 언어일 것입니다. 엔트리는 스크래치와 유사하기 때문에 생략하겠습니다.

1.1 스크래치 미니게임

그럼 스크래치로 미니게임을 하나 만들어봅시다. 시작 전에 분명히 해야 할 것이 있죠? 마인크래프트로 코딩 공부를 할 수 있는지 어떤 것이 어떻게 다르고 어떻게 같은지를 비교 설명하기 위한 스크래치 예제입니다. "스크래치로 뭐 하는 거지?"라는 의문보다 "이런 스크래치를 어떻게 마인크래프트에서 만든다는 거지?"라는 생각을 해주기 바랍니다.

아래 그림에서 보듯이 정말 간단한 내용입니다. 스크래치를 해 본 사람이라면 가장 기본이라는 것을 한눈에 알 수 있는 내용입니다.

1. 키보드의 방향키로 스프라이트 1 (고양이)을 움직입니다.

2. 고양이를 잡으러 Arrow 1 (화살표)이 따라다닙니다.

이게 전부입니다. 정말 간단한 내용이지만 그래도 코딩 내용은 어떤지 알아볼까요?

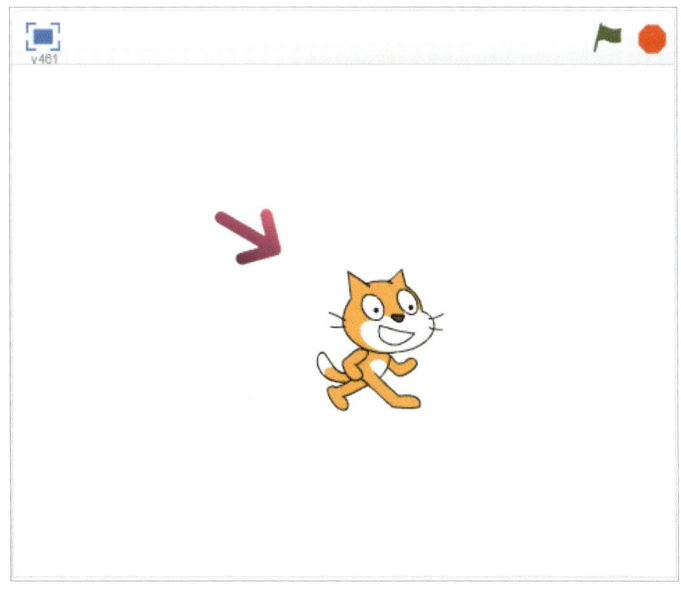

복잡한 내부 코드를 모두 생략하고, 아이들이 쉽게 사용할 수 있도록 최대한 단순화된 블록형 코딩 환경을 제공하는 스크래치의 특성상 코딩 내용 또한 매우 단순합니다.

 **TIP**

고양이를 움직일 때 고양이가 달리는 모습이 되도록 다른 모양으로 바꾸기를 추가해도 좋습니다. 화살표에 잡히면 게임 실패 이벤트를 넣어도 좋겠군요. 또한 화살표에 잡히지 않고 잘 도망간다면 점수나 시간을 증가시키고, 게임 성공 이벤트를 넣으면 초보자들이 즐기기에 괜찮은 게임이 됩니다.

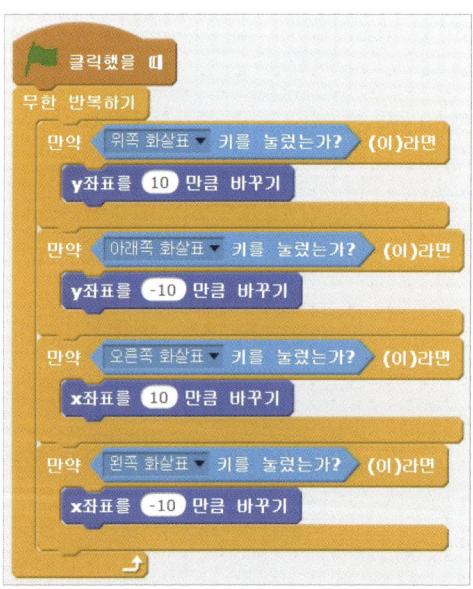

캐릭터 소개

초등학교 5학년 노우연

스크래치 코딩은 노우연 학생이 함께 했습니다. 이러한 미니게임을 만들자고 말하면 스스로 만들 수 있는 수준의 학생입니다.

1.2 자바 미니게임

앞에서 만든 스크래치 미니게임과 동일한 내용의 게임을 자바로 만들어봅시다. 하지만 자바는 스크래치처럼 교육용 코딩 툴(언어라고 하기엔 기능적 한계가 있기에 툴이라 칭함)이 아닌 관계로 아주 사소한 기능도 모두 텍스트형 코드로 코딩을 해야 합니다. 결국 너무 많은 페이지에 필요 이상의 많은 코드를 보여줘야 하는데, 이 책의 목적상 조금 더 단순화해보겠습니다.

고양이 대신 "Player" 단어를 사용하고 화살표 대신 "Zombie"라는 단어를 사용하겠습니다. 시각적인 느낌은 정말 부족해 보이겠지만 기능적 코딩에 관심을 가져주세요. 코딩이 이해된다면 문자를 멋진 이미지로 추가하는 것에 대해서도 쉽게 시도해볼 수 있을 것입니다.

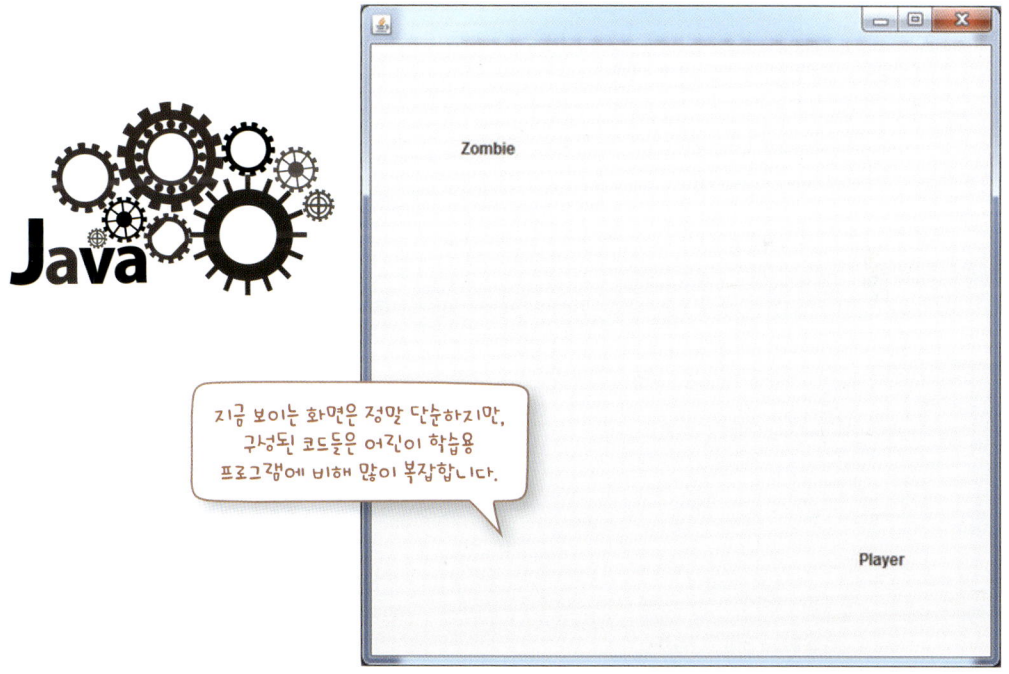

지금 보이는 화면은 정말 단순하지만, 구성된 코드들은 어린이 학습용 프로그램에 비해 많이 복잡합니다.

설명을 시작하면 너무 길어지기 때문에 자바 코딩에 대해서는 긴 설명을 생략하겠습니다. 단지 부모님이나 선생님이 코딩에 대해서 유연하게 생각하시길 바라는 마음으로 함께 구성해 본 거니까요. 또한 코드도 주요 함수의 일부만 보여드리겠습니다. 어린이들의 프로그램과 달리 상당히 많은 코드가 있어 혼란을 줄 수 있으니까요.

 TIP

마인크래프트로 코딩 공부한 후 자바를 공부해보세요.

```java
public static void main(String[] args)     //전체 코딩의 20% 정도를 차지하는 main 함수
{
    JPanelcontentPane = new JPanel();
    contentPane.setLayout(null);
    JLabel label = new JLabel("Player");   //player 이름 입력 부분
    label.setSize(label.getPreferredSize());
    label.setLocation(380, 380);
    contentPane.add(label);
    ASAPbook animation = new ASAPbook(label, 24);   //키보드 키 지정 부분
    animation.addAction("LEFT", -3, 0);
    animation.addAction("RIGHT", 3, 0);
    animation.addAction("UP", 0, -3);
    animation.addAction("DOWN", 0, 3);
    JFrame frame = new JFrame();
    frame.setDefaultCloseOperation(JFrame.EXIT_ON_CLOSE);
    frame.getContentPane().add(contentPane);
    frame.setSize(500, 500);
    frame.setLocationRelativeTo(null);
    frame.setVisible(true);
}
```

 캐릭터 소개

초등학교 5학년 이준섭

자바 코딩은 이준섭 학생이 함께 했습니다. 생략된 엔트리도 만들었지만, 요즘 마인크래프트 자바 버전에 대한 관심이 커지면서 자바 코딩도 공부하고 있습니다.

1.3 마인크래프트 미니게임

드디어 마인크래프트로 시작합니다. 마인크래프트는 분명 게임입니다. 하지만 개발자들이 이것을 개발할 때 자신의 자녀들도 재미있게 마인크래프트 세상에서 코딩 공부를 하길 바라는 마음이 컸다는 것과 현재 마인크래프트 소유 회사인 마이크로소프트(MS)도 교육용으로 활용하려는 의도가 분명하기 때문에 우리가 이렇게 코딩 공부에 활용할 수도 있죠. 이 책을 볼 정도라면 마인크래프트의 역사에 대해서 많이 알고 있을 테니 이런저런 이야기는 이 정도로만 하고, 바로 미니게임 코딩을 시작해보겠습니다.

새로운 세계 만들기부터 함께 진행해보겠습니다. 아래 [노란색 육각형]은 진행 순서를 설명할 때 사용될 것이며 게임화면엔 노란색 원으로 해당 진행 순서를 표시하겠습니다.

1 '싱글플레이'를 클릭합니다.

2 '새로운 세계 만들기'를 클릭합니다.

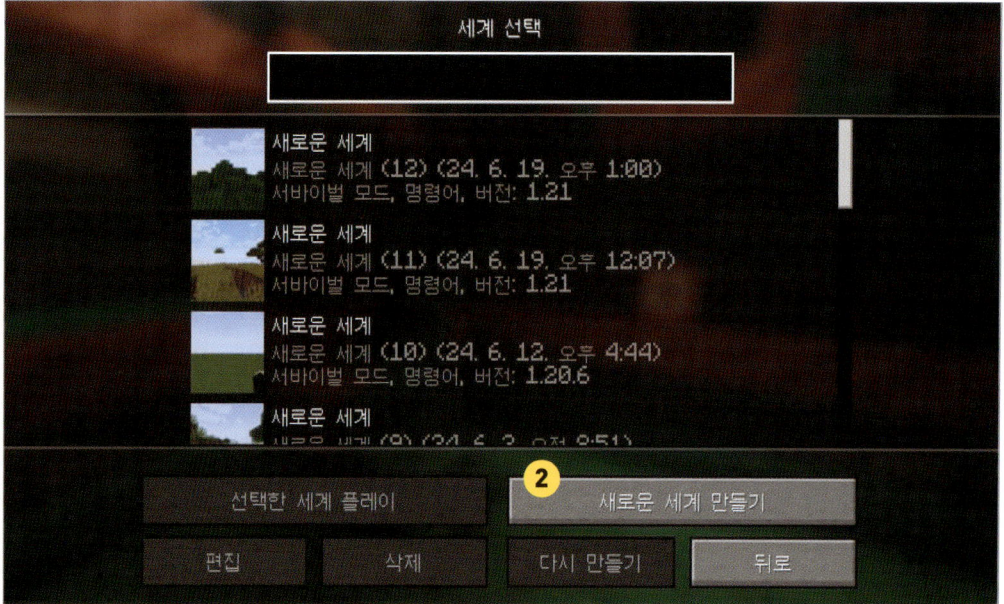

3 '게임 모드 : 크리에이티브'로 변경합니다(여러 번 클릭할 수 있습니다).

4 '명령어 허용: 켜짐'으로 설정합니다. 기본 설정은 '켜짐'이지만 그래도 확인해봅니다. 명령어 허용이 꺼져 있으면 명령어를 사용할 수 없으므로 코딩을 진행할 수 없습니다.

5 '세계' 탭을 클릭합니다.

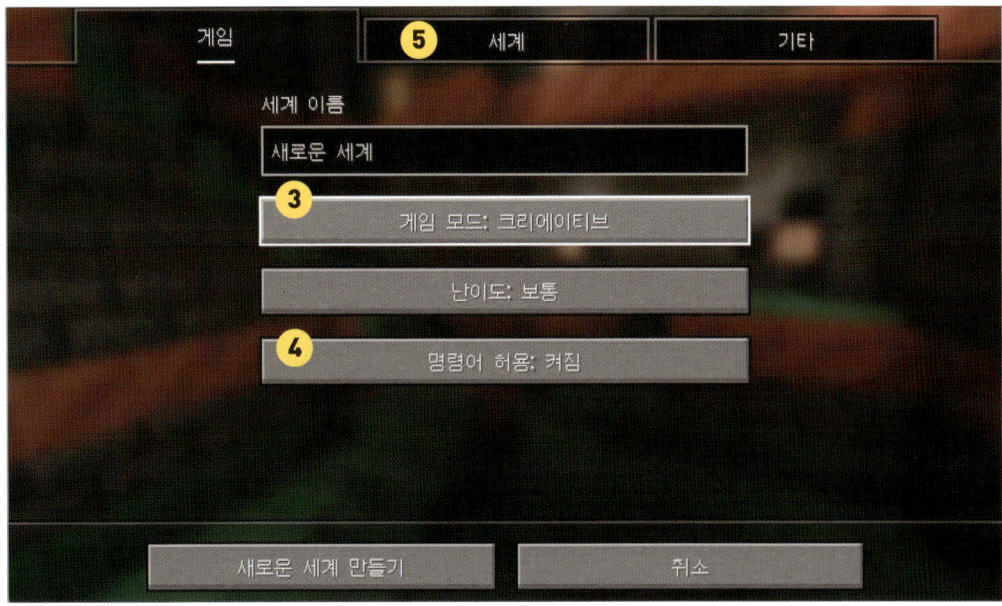

6 '세계 유형 : 완전한 평지'로 설정합니다(여러 번 클릭할 수 있습니다).

7 '새로운 세계 만들기'를 클릭합니다.

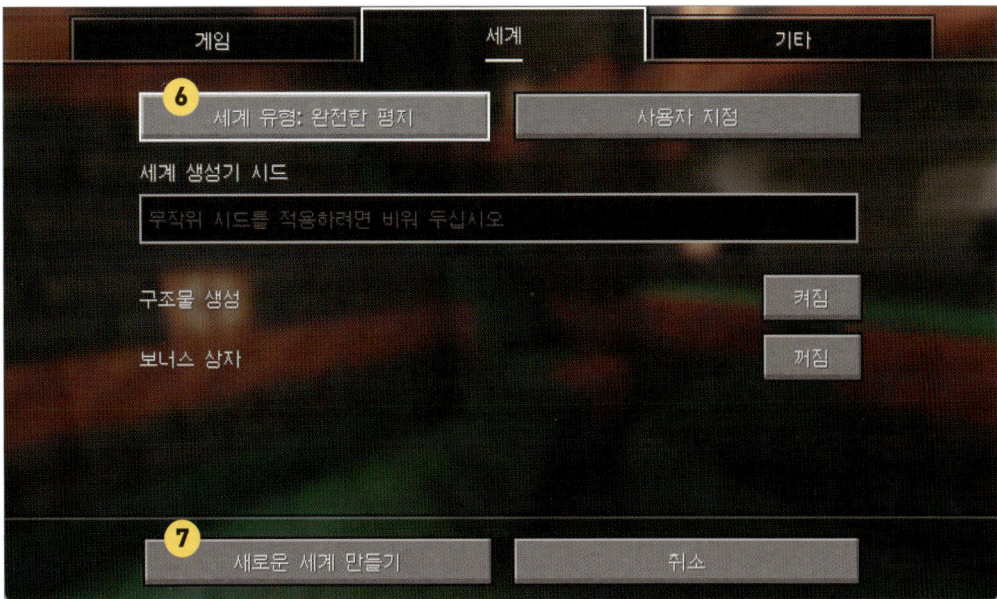

첫 코딩을 위한 세계가 만들어졌습니다. 이것은 마치 스크래치의 스테이지에 해당됩니다. 차이점을 찾자면, 스크래치는 코딩이나 스프라이트(객체)들이 밖에서 준비되고 스테이지에서 결과를 보여주는 구조입니다. 반면에 마인크래프트는 스테이지 안에 모든 것이 있고 그 안에서 코딩 하는 구조입니다.

다시 말해, 마인크래프트의 세계는 스크래치의 스테이지 역할은 물론 코딩에 필요한 대부분의 환경을 제공합니다.

 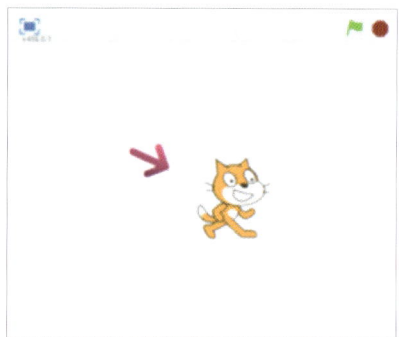

막상 만들고 보니 초보자들의 시선을 끌며 '미니게임 만들기'를 방해하는 엔터티(Entity)들이 있군요. 차분히 다음의 명령어(커맨드:Command)를 실행해줍니다.
명령어 실행을 위해 키보드 오른쪽 부분에 위치한 /(슬래시:Slash) 또는 채팅 창 열기인 t를 누르세요. 띄어쓰기에 주의하고 대소문자를 꼭 구분해야 합니다.
평화로움(Peaceful)으로 만들어서 적대적인 몹(Mob)들부터 사라지게 합니다.

```
/difficulty peaceful
```

그리고 착하지만 지금은 방해가 되는 동물들도 모두 제거합니다.

```
/kill @e[type=!player]
```

한 번 실행하면 모든 동물이 사라지고 많은 아이템을 떨굽니다. 한 번 더 실행하면 그 아이템들까지 청소가 됩니다. 여기서 '=!'의 의미는 '같지 않으면'이고, 느낌표 없이 '='만 있다면 당연히 '같으면'의 의미가 됩니다.

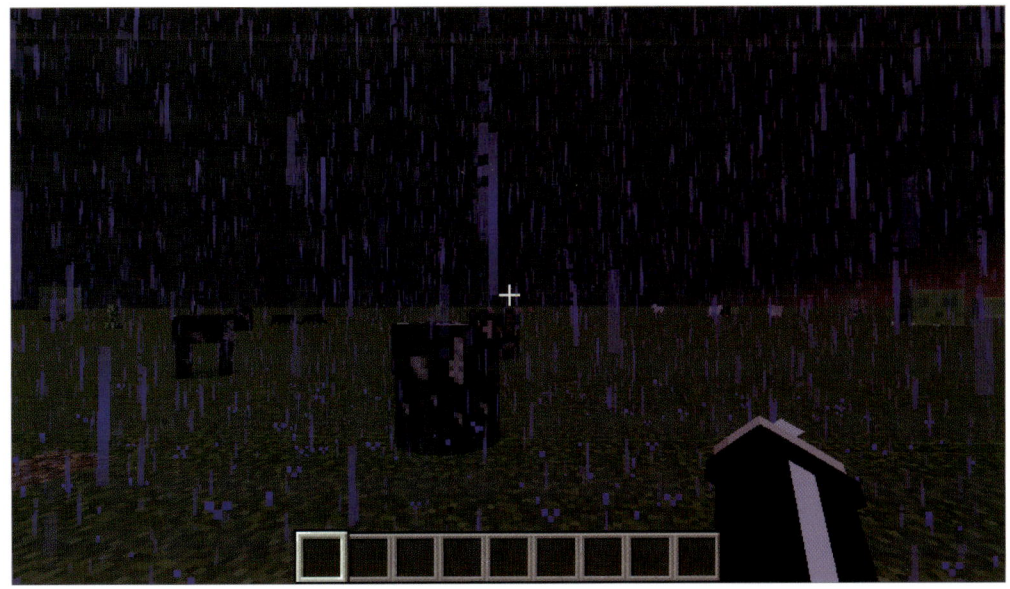

그런데 잠시 책을 보는 사이 새로운 동물들이 스폰(Spawn) 되는군요. 추가로 밤이 되었고 비까지 내립니다. 사실 악조건으로 만들기 위해 임의로 비를 추가하긴 했지만, 여러분이 코딩 공부를 하는 동안 언제든지 이러한 상황이 될 수 있습니다.
다음의 명령어들을 사용해서 낮 시간으로 변경하고, 날씨를 맑게 바꿔줍니다.

```
/time set day
/weather clear
```

이제 몹들이 생성되지 않게 설정하며, 추가로 시간과 날씨도 고정시킵니다.

```
/gamerule doMobSpawning false
/gamerule doDaylightCycle false
/gamerule doWeatherCycle false
```

이외에도 게임 규칙(gamerule)에서 여러 가지를 설정할 수 있습니다. 그리고 'false'(거짓 : 끔)는 'true'(진실 : 켬)의 반대로 해당 규칙을 끈다는 의미입니다.

그사이 스폰된 동물들을 앞서 사용한 명령어를 이용해 정리했나요? 다시 명령어를 입력하는 건 좋은 공부 방법입니다. 하지만 키보드 타이핑 연습이 필요 없는 사람이라면, 슬래시(/)를 누른 후 키보드의 위 방향키를 눌러 보세요. 누를 때마다 기존에 입력한 명령어들이 나타납니다. 반대로 아래 방향키를 누르면 최근 명령어를 보여줍니다.
이 정도면 코딩 준비가 되었으니 명령어 블록을 소환하여 코딩을 시작해보겠습니다. 앞서 설명한 것처럼 마인크래프트는 거대한 스테이지 안에서 코딩을 하는 것이기에 원하는 위치에서 다음 명령어를 실행해봅니다.

```
/give asap00 minecraft:command_block
```

'asap00'은 저의 아이디입니다. 여러분들은 본인의 아이디를 해당 자리에 입력하세요.

물론 @p를 입력해도 되지만 '아이디'의 개념도 중요하니 본인의 아이디로 연습하세요. 그리고 수학의 영역에 있는 코딩 공부도 수학처럼 기호 하나하나가 중요합니다. 콜론(:)이나 언더바(_) 등도 정확하게 입력해야 하며, 소환된 블록을 아래와 같이 배치합니다.

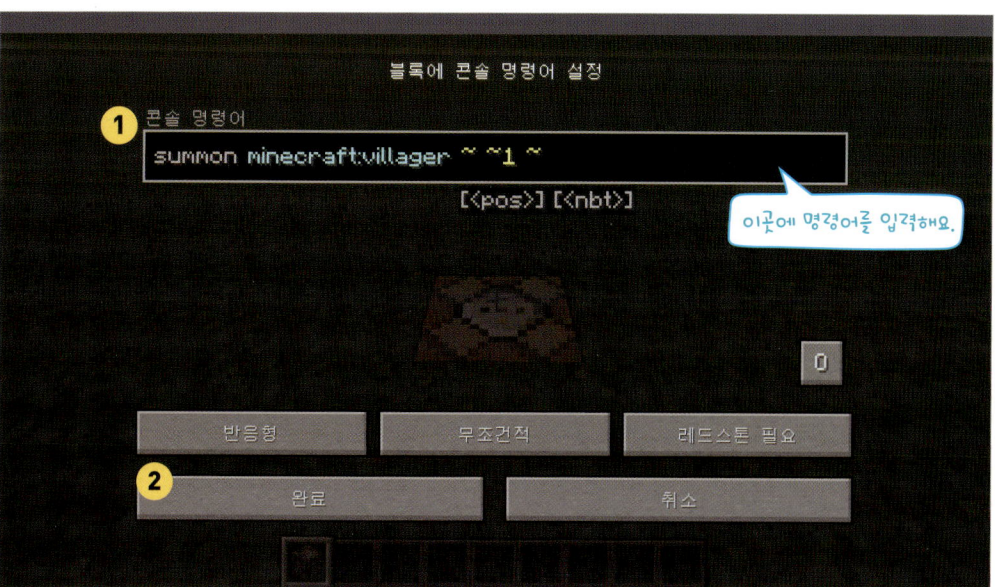

배치된 명령어 블록에 우클릭을 하면 앞의 그림과 같은 창이 뜹니다. 기존 채팅창에서 실행하던 명령어들을 이곳에 입력하면 플레이어가 만든 조건 내에서 명령어 블록이 해당 명령어를 실행하는 것이죠. 스크래치의 고양이 대신 우리는 착한 주민을 소환하여 움직여볼 것입니다.

1 콘솔 명령어창에 다음 명령어를 입력합니다.

```
summon minecraft:villager ~ ~1 ~
```

2 입력 후 '완료' 버튼을 클릭합니다.

주민(villager)을 소환(summon)하는 명령어입니다. 중요한 것은 어디에 소환할 것이냐 이죠. 역시나 좌표 데이터를 근거로 위치를 지정하는데 마인크래프트에서는 상대 좌표를 물결(~)로 표시합니다. 즉 '~~~'은 x, y, z 상대 좌표를 의미하고 딱 그곳을 말합니다. 1을 해주면 그 위치에서 1칸을 더해준다는 의미입니다. 결국 '~~1~'은 명령어 블록에서 y값만 1칸을 더한 위치를 말하고, 더하기(+) 기호는 생략합니다.

이젠 명령어 블록을 작동시켜봅니다. 앞의 그림처럼 명령어 블록 근처에 작동 에너지원이 되는 버튼을 배치한 후 버튼을 클릭해봅니다. 주민이 생성되었다면 명령어 입력에 문제가 없었다는 것입니다. 이제부터는 이 주민을 움직일 것입니다. 혹시 자신의 플레이어가 스크래치의 고양이 역할을 할거라고 생각한 사람이 있었나요? 물론 그것이 맞는 생각이지만, 마인크래프트는 이미 그 기능을 기본 제공하기 때문에 코딩 할 것이 없으니 한 발 더 나아간 것이죠. 이것은 마인크래프트 가상세계에서 나의 캐릭터(스티브나 알렉스)가 나를 대신한다는 생각을 근거로 합니다.

그런데 주민을 아무리 생성해도 가만히 있지 않고 자꾸 어디론가 도망가네요?

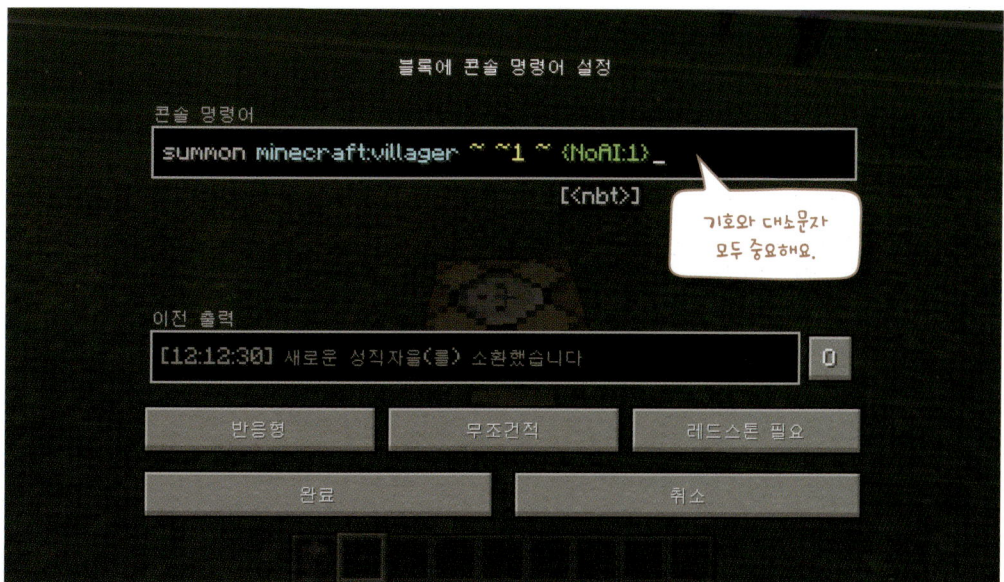

마인크래프트로 시작하는 코딩_입문 : 019

움직이는 이유는 모든 몹들에게 AI(Artificial Intelligence)가 기본 장착되어 있기 때문입니다. 그래서 고급 속성(NBT:Named Binary Tag)을 설정하는 코드를 추가한 아래의 명령어를 앞의 그림처럼 수정해줍니다.

```
summon minecraft:villager ~ ~1 ~ {NoAI:1}
```

고급 명령어에서는 명령어를 짧게 표현하기 위해 true, false 대신 1, 0으로 입력합니다. 그리고 중괄호{}를 기본으로 하죠. 기존 주민들부터 정리하고 버튼을 클릭합니다.

```
/kill @e[type=!player]
```

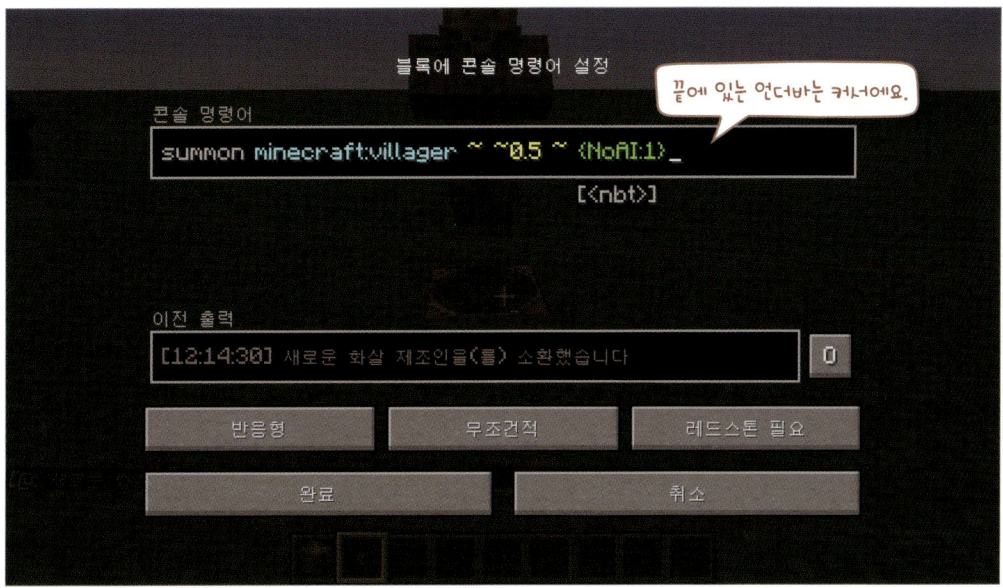

조금 높이 떠 있는 주민을 땅으로 내려봅시다. Y좌표에 더해진 값을 0.5로 수정합니다. 다들 알고 있듯이 더하기(+) 기호는 생략합니다.

```
summon minecraft:villager ~ ~0.5 ~ {NoAI:1}
```

다음은 스크래치의 고양이를 움직일 때 키보드의 방향 키를 눌렀듯이 마인크래프트 가상세계 내의 방향 키를 만들어보겠습니다.

다음 페이지로 넘어가기 전에 안내 사항이 있습니다. 마인크래프트 내의 주민들은 여러 종류입니다. 또한 그들의 직업에 따라 여러 가지의 아이템들을 판매하고 있죠. 이런 구성은 여러분들만의 미니게임을 만들 때 재미있는 환경을 제공해 줄 것입니다. 따라서 이러한 명령어들을 알려주고, 응용해서 코딩하라는 의미로 각 장이 끝날 때마다 Tip을 추가하겠습니다.

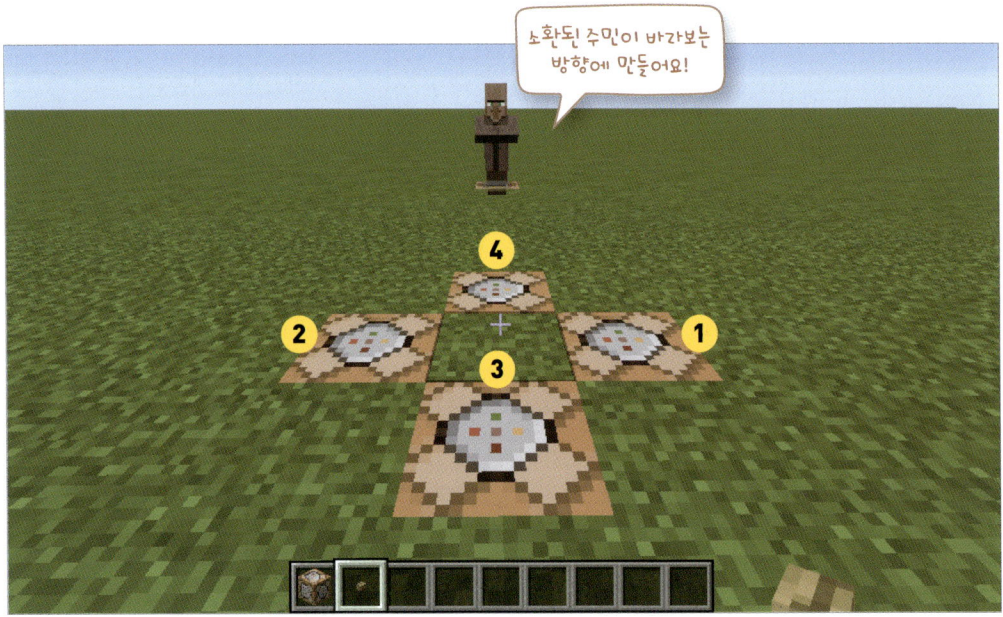

위와 같이 동서남북 방향에 해당하는 4개의 명령어 블록을 배치합니다. 각 블록에는 아래의 순서에 따라 명령어를 입력해주세요. 불필요한 페이지 수를 늘리지 않기 위해 명령어 콘솔에 입력하는 화면은 앞으로 최대한 생략하겠습니다.

컴퓨터는 특히나 좌표계를 기본으로 하기 때문에 좌표 기준으로 번호를 정했습니다.
아래와 같이 첫 번째 ❶번은 좌표계 기준으로는 X축 더하기 방향(+, Positive)입니다.

❶ `execute as @e[type=minecraft:villager] at @s run teleport ~1 ~ ~`

tp는 다들 잘 알고 있는 명령어인데요. 1.13의 명령어 체계가 대폭 변경되면서 조금 더 복잡해진 상태이지만, 코딩을 더 명확히 할 수 있는 환경이 되었습니다.
위와 같은 원리로 ❷, ❸, ❹ 순서에 따라 아래의 코드들을 입력합니다.

❷ `execute as @e[type=minecraft:villager] at @s run teleport ~-1 ~ ~`
❸ `execute as @e[type=minecraft:villager] at @s run teleport ~ ~ ~1`
❹ `execute as @e[type=minecraft:villager] at @s run teleport ~ ~ ~-1`

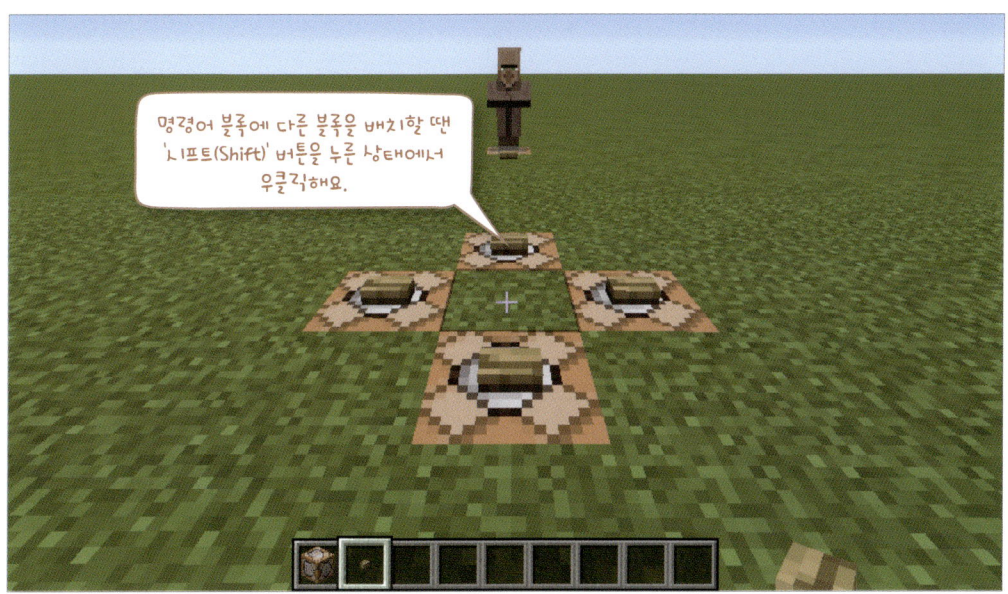

각 명령어 블록을 작동시키는 버튼들을 배치합니다.
그리고 원하는 방향으로 주민이 움직이는지 버튼을 눌러 테스트 해보세요.

잘 움직인다면 아래 명령어로 난이도 변경 후 주민을 따라 다닐 좀비를 소환합니다.

```
/difficulty easy
```

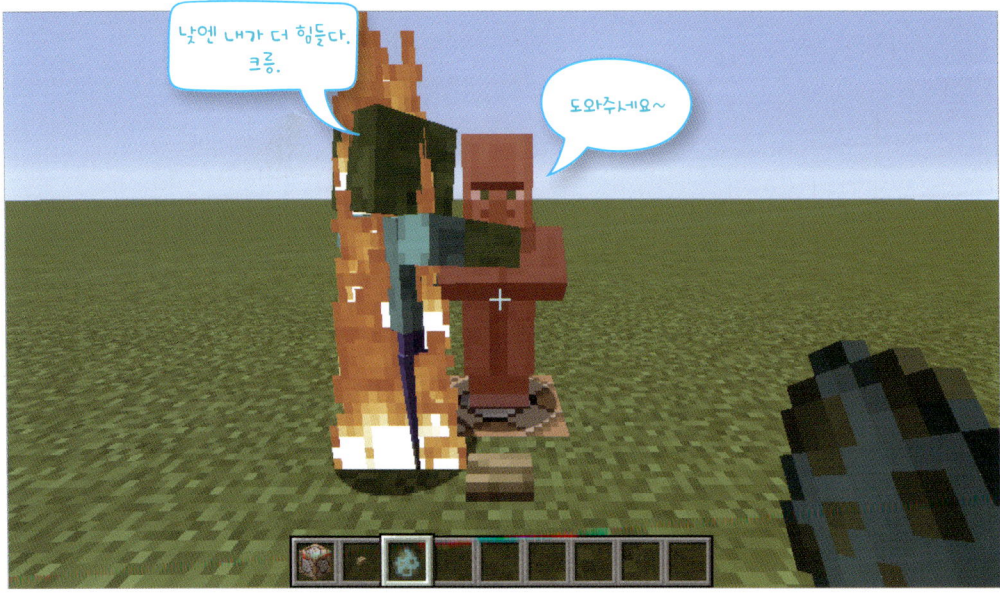

낮엔 좀비가 살아남기 힘드니까 아래 명령어를 실행해서 밤으로 바꿔주세요.

```
/time set night
```

> **TIP**
>
> 도망가기 어렵죠? 이제부터는 여러분들의 창의력이 필요합니다. 좀비가 쉽게 걸어 다닐 수 없게 블록들로 길이나 장애물 등을 만들어보세요. 그리고 주민의 이동 속도를 늘려보는 것도 좋습니다.
> 이것저것 바꿔가며 최대한 이해하고 다음 장으로 넘어가야 합니다.
> 이동 속도는 아래와 같이 바꾸고, 나머지 방향들도 해당되는 값을 바꿔주세요.
>
> ```
> execute as @e[type=minecraft:villager] at @s run teleport ~3 ~ ~
> ```

어떤가요? 마인크래프트로 코딩 공부한다는 것이 어떤 방식인지 이해됐나요? 개체에 대한 이해, 공간좌표, 명령어 구조 등을 공부하는 아주 좋은 방법입니다.

더 재미있는 미니게임 코딩
명령어의 데이터 태그(data tag 또는 NBT tag)

앞으로 미니게임이 끝나면 이와 같이 "더 재미있는 미니게임 코딩" 또는 "Up-grade" 페이지를 보실 수 있습니다. 이것은 '응용 문제'나 '실전 문제' 등으로 생각해도 좋겠네요. 하나하나 실행해보고 바꿔가며 이해해보세요.

캐릭터 소개 ········· 선생 ········· 건축 담당 이준섭 ········· 명령어 담당 노우연

[주민을 활용하는 방법 1. 이름 바꾸기] : JSON(자바스크립트) 문법을 따릅니다. (\=₩)

```
/summon minecraft:villager ~ ~ ~ {CustomName:"{\"text\":\"Hello\"}"}
```

[주민을 활용하는 방법 2. 나이 정하기] : 0은 어른, -24000은 아기입니다.

```
/summon minecraft:villager ~ ~1 ~ {Age:-24000}
```

[주민을 활용하는 방법 3. 거래하기] : 명령어 블록에서 사용합니다.

```
summon minecraft:villager ~ ~ ~ {Offers:{Recipes:[{buy:{id:"minecraft:emerald",Count:6},sell:{id:"minecraft:diamond",Count:1},maxUses:10}]},NoAI:1}
```

앞의 명령어를 정식 문법에 맞춰 크게 표시한다면,

```
summon minecraft:villager ~ ~1 ~
{Offers:{Recipes:[{buy:{id:"minecraft:emerald",Count:6},
sell:{id:"minecraft:diamond",Count:1},maxUses:10}]},NoAI;1}
```

(한 칸 띄우세요.)
({ } 괄호 안은 띄워 쓰지 않아요.)

두 종류의 아이템 거래하기와 같은 형태로 여러 아이템을 거래하도록 입력 가능합니다.

```
summon minecraft:villager ~ ~1 ~
{Offers:{Recipes:[{buy:{id:emerald,Count:1},
sell:{id:diamond_chestplate,Count:1},
maxUses:9999999},{buy:{id:emerald,Count:6},
sell:{id:diamond_chestplate,Count:1},maxUses:9999999}]},NoAI;1}
```

여러 형태의 주민들도 있습니다. 숙련도(level)와 직업(profession), 살고 있는 지역(biome, type)을 바꿔보세요.

```
/summon minecraft:villager ~ ~ ~ {VillagerData:{level:3,profession:"
minecraft:mason",type:"minecraft:taiga"}}
```

숙련도의 범위는 0에서 5입니다. 숙련도가 낮으면 거래를 못해요. 직업의 종류는 아래처럼 많아요. 마인크래프트의 특성상 표현하는 문구가 바뀔 수도 있어요.

armorer, butcher, cartographer, cleric, farmer, fisherman, fletcher, leatherworker, librarian, mason, nitwit(거래불가), shepherd, toolsmith, weaponsmith

지역은 여러분들도 알고 있듯이 다음과 같아요.
desert, jungle, plains, savanna, snow, swamp
문법에 익숙해지기 전엔 복잡해 보이지만 곧 한눈에 파악할 수 있습니다. 그리고 학생들 눈높이에 맞게 앞으로의 Tip은 이준섭, 노우연 학생과 함께 진행하겠습니다.

건축

건축이라 한다면, 전반적인 제작을 통칭합니다. 간혹 블록 쌓기를 건축의 모든 것이라고 생각하며 마인크래프트를 시작하는 초보자들도 있지만, 공간좌표계를 가장 명확히 이해하고 명령어, 회로들도 충분히 이해하고 있어야만 합니다. 여러분도 이준섭 학생과 함께 진정한 창의력 개발 방법인 마인크래프트 건축의 세계로 입문해보세요. 지금까지와는 전혀 다른 건축 전문가가 되도록 말이죠.

안녕하세요. 이준섭입니다.
명령어의 복사(Ctrl+C), 붙여넣기(Ctrl+V)부터 알면 좋을 것 같아요.
컨트롤 키(Ctrl)는 키보드 왼쪽 아래에 있어요.
다음과 같이 명령어를 실행한 상태라고 생각하고 저 명령어를 명령어 블록에 똑같이 붙여넣는 것을 해볼게요.

가장 먼저 'Ctrl+A'를 누르세요. 그러면 아래 그림처럼 모든 명령어가 선택되고, 그 표시로 하얀색 글 바탕이 보이게 돼요.

ctrl+A, ctrl+C

그 다음은 'Ctrl+C'를 누르세요. 복사를 하는 거죠.
아무런 반응이 없어서 간혹 복사가 안된 상태일 때도 있어요.

컴퓨터를 많이 사용한 사람이라면 다들 아는 기본 단축키인데, 아무리 많이 사용한 사람이라도 실수할 때가 있지! 복사가 잘 되었는지 어서 붙여넣기를 해보자.

네! 이제 다음 페이지와 같이 명령어 블록을 우클릭하고, 콘솔 명령어 창에 'Ctrl+V'를 해서 붙여 넣어요.

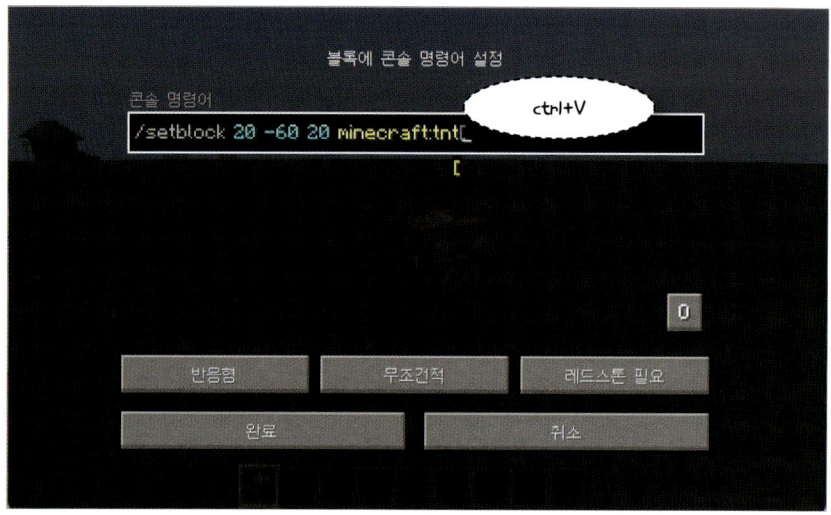

이렇게 'Ctrl+C'와 'Ctrl+V'를 이용해서 같은 명령어나 비슷한 명령어들을 매번 타이핑하지 않고 빠르게 만들 수 있어요.

빠르게 미니게임을 만들기 위해서 꼭 필요한 정보겠구나!
이번엔 무엇을 알려줄래?

건축 전문가에겐 이번에 알려줄 방법이 더 필요할 것 같아요.
그것은 바로 명령어 블록을 명령어까지 포함하여 블록을 복제하는 거예요.

명령어 복제가 아니라 마우스 중간버튼 클릭으로 블록 복제하는 것을 말하는 것이지?

네, 명령어 내용이 똑같거나 비슷한 명령어 블록을 여러 개 만들어야 할 경우에 정말 힘들거든요. 그럴 때 이 방법을 사용하는 거예요. 우선 앞에서 연습했던 명령어 블록 앞으로 이동해요.

'+' 표시가 자신의 시야 중심입니다. 이렇게 대상 블록을 바라본 상태에서 진행하세요.

ctrl+중클릭

그리고는 키보드의 컨트롤 키를 누른 상태에서 마우스의 중간 버튼을 클릭해요. 물론 대상 블록을 가리킨 상태에서요.
그러면 블록이 복사되고 다른 곳에 배치해보면 명령어도 똑같이 입력된 상태인 거죠.

처음부터 너무 어려운 Tip을 주는 것 같아 걱정하고 있었는데, 이런 방법들은 코딩까지 하는 친구들에겐 정말 필요한 Tip이겠구나!

더 재미있는 미니게임 코딩
명령어 도움 기능

다음은 노우연 학생입니다. 명령어에 대해서 알려주고 싶은 것들이 많을 거예요.

안녕하세요. 노우연입니다. 제가 처음 마인크래프트 명령어를 배울 때 정말 도움이 되었던 기능부터 알려 주고 싶어요. 바로 탭(tab) 키인데요. 이것을 누르면 마인크래프트 명령어에 대해 안내를 받을 수 있어요.

위와 같이 명령어 창을 열고 탭 키를 누르면, 사용할 수 있는 명령어들이 나와요. 탭을 반복해서 하나를 고른 후 또 탭 키를 누르면 그 다음에 사용할 수 있는 명령어들이 나와요.
그리고 띄어쓰기(space)로 다음 하위 작업을 진행할 수 있어요.
마지막으로 고급 속성 코드는 이 기능이 일부만 지원된다는 것도 중요해요. 보통 괄호({},[])로 구분되는 코드들 말이죠.

1.13 부터는 방향키나 마우스로도 명령어를 선택할 수 있지.
그리고 네가 여기서 하나 더 알려줘야 하는 것이 있어.
바로 아이템의 정식 이름을 보는 방법이야.
선생님이 몇 년 전에 알려준 건데 기억하고 있지?

물론이죠! 'F3'과 'h'를 함께 누르면 아래처럼 인벤토리(마인크래프트 단축키 'e')
내용이 바뀌어요.

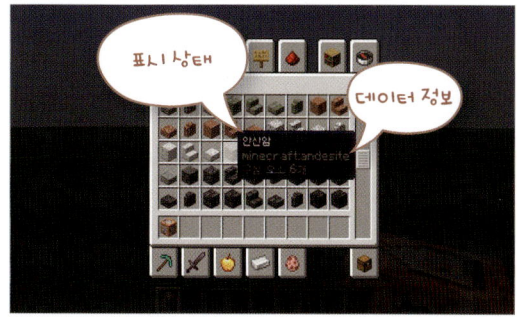

CHAPTER 2
마인크래프트로 시작하는 코딩_활용 I

2.1 사랑이의 달리기

사랑

　이번 미니게임은 앞의 세계를 그대로 사용합니다. 세계를 다시 만들고 싶다면 앞의 장을 참고하세요. 미니게임이라 하면 보통 점프 맵(Jump Map)이나 플레이어간의 단순한 싸움인 PvP(Player Versus Player)를 떠올릴 것 같군요. 하지만 점프 맵은 즐기는 것보단 블록을 하나하나 쌓아서 만드는 과정이 재미있고, 여러분들이 직접 생각하며 만들어가는 게임입니다. 또한 PvP는 코딩 공부를 시작하기도 전에 친구들과 다툴 수도 있죠. 두 종류 모두 코딩 공부를 위한 미니게임 예제 대상으로는 부적합합니다. 그래서 이 책은 달리기 게임부터 시작하겠습니다. 점프 맵을 즐기기 전에 시작하는 달리기 미니게임이지만, 코딩 작업을 추가하여 좀 더 유익하고 재미있게 만들어보겠습니다.
　지금부터 김사랑 학생과 함께 달리기 미니게임을 만들어보겠습니다.

| 캐릭터 소개 | **초등학교 3학년 김사랑**
마인크래프트로 코딩 공부한 지 4개월 정도 되었습니다. 명령어를 열심히 익히고 있죠. 달리기 미니게임에서 직접 건축을 하며 선생님과 함께 코딩을 합니다. |

첫 블록부터 마지막 블록까지 하나하나 설명하고 싶지만, 서로가 그런걸 원하진 않을 것 같군요. 전체적인 구성에 필요한 설정 명령어들과 명령어를 작동시키는 명령어 블록, 전기적 신호를 제공하는 레드스톤 회로 그리고 코딩에 대해서만 설명하겠습니다. 건축은 여러분이 원하는 방식으로 자유롭게 만들면 됩니다. 김사랑 학생이 그러한 것처럼 말이죠.

안녕하세요. 김사랑입니다. 보통 미니게임을 만들 땐 말보단 생각을 하는데… 생각하며 만드는 걸 선생님이 이렇게 말로 바꿔주셨나 보네요?

그래 잘 알고 있구나? 수업 시간에 너의 작은 말 한마디 한마디 잘 들어뒀다가 너의 플레이를 지켜보며, 미니게임 결과물을 검토하는 거지.
너의 진짜 생각과 조금 다를 수 있지만 책의 구성을 위해 이해해주기 바란다.
자, 시작해볼까? 가장 먼저 무엇을 할까?

완전한 평지로 몹들이 생기지 않는 세상을 먼저 만들어요. 앞에서 선생님이 만드신 세상을 그대로 사용해도 좋겠네요. 넓은 세상이 만들어졌는데 어디서 시작할까요?

사랑이는 좌표 찾기를 충분히 연습해서 좌표를 잘 알지만, 다른 친구들을 위해서 원점에서 시작하기로 하자. 완전한 평지의 땅은 Y좌표가 -60이니 X, Y, Z 좌표값은 0, -60, 0이야. 그곳으로 순간이동(tp) 해보자.
하나 중요한 건 어디론가 순간 이동할 땐 Y 좌표값을 1 또는 2 정도 높게 해야 해. 잘못하면 다른 플레이어나 무언가에 밀려서 발 아래의 블록에 끼일 수가 있거든. 아래 명령어를 실행해보자.

```
/tp 0 -59 0
```

마인크래프트로 시작하는 코딩_활용 I 035

이번 예제에서 연쇄 블록을 사용하면 좋겠다. 짜임새 있는 코딩을 위해 앞으로 많이 사용할 명령어 블록이니까. 아래 명령어로 명령어 블록부터 준비하고, 네 미니게임의 시작지점을 만들어볼까?

```
/give asap02 minecraft:command_block
```

제가 사용하는 계정의 아이디인 "asap02"를 기준으로 명령어를 실행했어요. 그리고 흰색 양털 블록으로 아래와 같이 만들었는데 어떤가요?

0, -60, 0에서 5칸 정도 앞에 설치합니다.

최대한 간단히 만들었구나? 다른 친구들이 보기 편하게 간단히 만든 것은 좋지만, 명령어 블록을 더 자세히 볼 수 있도록 건축물을 조금 더 줄여보자.

이번 예제뿐만이 아니라 이 책의 모든 예제는 최대한 건축을 간소화할 것입니다. 코딩과 명령어 블록 관련 회로를 명확히 볼 수 있도록 말이죠.

수정했어요. 그리고 명령어 블록 앞엔 잔디 블록을 그대로 유지했어요. 저는 명령어 블록의 작동을 위한 신호용으로 압력판을 사용할 거니까요.

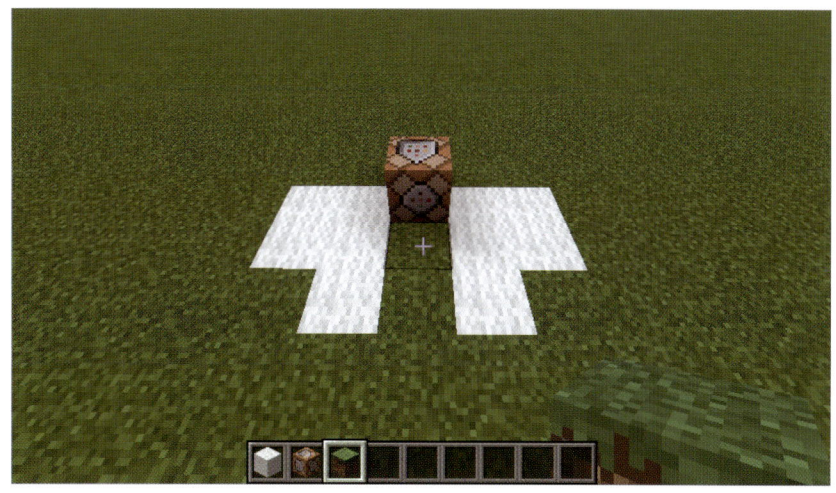

잘했다. 너의 미니게임이니까 네가 원하는 방향으로 만드는 것이 당연하지. 이제 구체적으로 너의 생각을 말해볼래? 어떤 걸 만들지에 대해 생각한 후 만들어야 효과적이니까.

네, 저의 달리기 미니게임은 위에서 만든 시작지점의 압력판을 밟으면 하늘 위 달리기 코스로 이동해요. 달리기 코스에서 떨어지면 '리스폰' 되게 하는 방식이죠.
그리고 하늘 위 달리기 코스를 완주하면 성공인데 나중엔 중간중간 함정을 만들 거예요.

아이들에겐 "죽는다", "사망"과 같은 단어보단 리스폰(re-spawn)이라는 단어를 권장하고 있습니다. 리스폰은 체력이 모두 소진된 후 다시 시작하는 경우를 의미합니다.

그래. 너의 생각을 구체적으로 정리해보자. 명령어를 아는 친구들이 보면 바로 이해가 되겠지만 모르는 친구들은 순서만 눈 여겨 보고 실제 만들 때 조금 더 주의해서 만들면 된단다.

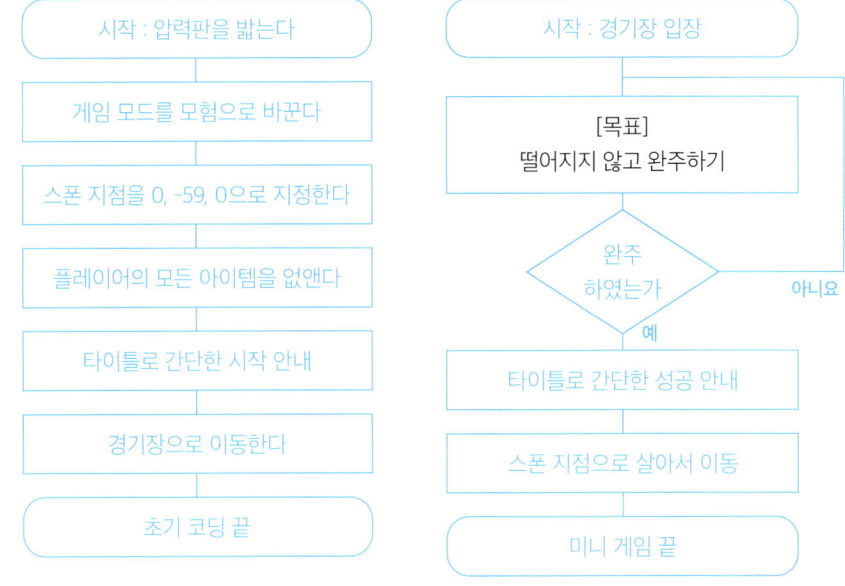

이렇게 정리하고 보니까 제가 할 제작 내용이 한눈에 들어와서 좋은 것 같아요.

그럼 이젠 명령어 블록을 배치해보자. 사용될 명령어가 6개이니 명령어 블록도 6개를 방향에 맞춰 배치해볼래? 그전에 명령어 블록의 방향을 보는 방법을 알려줄게.

앞이라고 설명한 방향이 명령어 블록의 출력 신호가 나가는 방향이란다.
명령어가 작동하고 작동완료 후 완료 신호를 출력하는 거지.
기존 블록의 방향도 수정하고 다른 블록들도 배치해보자.

배치했어요. 그리고 낮 시간으로 변경했어요.

잘했다. 다음은 첫 번째 블록을 제외한 나머지 블록을 다음 페이지의 그림과 같이 ① 연쇄형 및 ② 항상 활성화 상태로 변경해볼까? 명령어 블록에 대해선 잘 알고 있지?

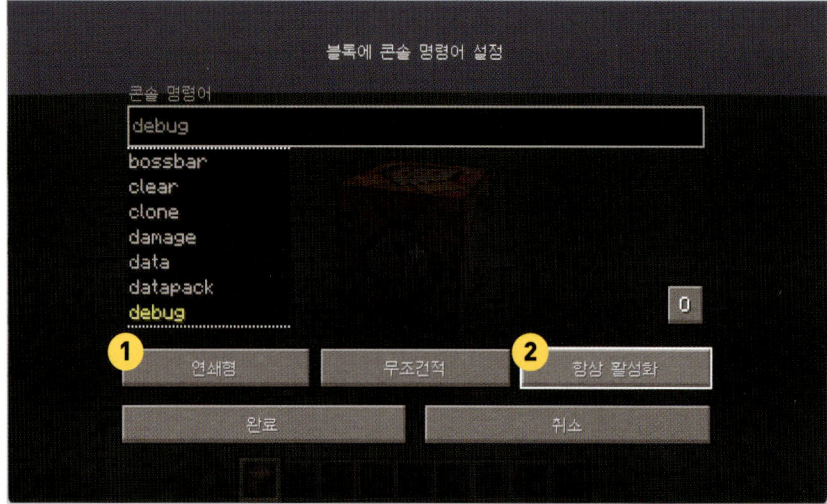

❹ ~ ❽ 번까지의 5개 블록 모두 설정 변경했어요.
가장 먼저 시작하는 명령어 블록 앞에는 시작 신호용 압력판을 배치했고요.

그럼 앞서 정리했던 순서에 따라 명령어 블록 번호를 보며 아래의 명령어들을 입력해보자. 6번은 선생님이 추가했단다.

3. gamemode adventure @p
4. spawnpoint @p 0 -59 0
5. clear @p
6. effect clear @p
7. title @p title {"text":"달리세요~"}
8. tp @p 0 37 0

효과(effect)를 지우는 명령어군요! 그리고 "@p"라는 것이 사용되었어요. 이것은 명령어 블록 기준으로 가장 가까운 플레이어를 지정할 때 사용하는 거죠?

그래 잘 알고 있구나. 이 외에도 몇 가지 종류가 명령어 블록 화면에 표기되어 있으니 필요한 경우 참고하기로 하자. 모두 입력했다면 선생님이 한 번 압력판을 밟아볼까?

하늘로 올라간 기분은 좋았는데 역시 떨어지는구나. 다음을 진행하기 전에 아래 명령어로 게임모드를 크리에이티브(creative)로 바꿔줄래? 그리고 공중에 블록을 하나 배치하면 쉽게 진행할 수 있을 거야!

```
/gamemode creative @a
/setblock 0 36 0 minecraft:bedrock
```

위 명령어로 소환된 하늘 위 블록을 시작지점으로 하는 달리기 경기장을 만들 차례군요. 저는 조금 길게 만들고 싶지만 다른 친구들에게 설명하는 것이 목적이니까 정말 짧고 간단하게 만들어볼게요.

한눈에 들어오는 경기장이구나! 중간에 함정을 만드는 건 사랑이가 자유롭게 만들기로 하고 선생님하고는 끝 지점의 코딩을 마무리하자.

네, 함정은 경기장을 더 크게 만든 후 진행할게요. 지금은 책으로 보는 친구들을 위해 너무 작게 만들었거든요.

그럼 다음은 아래와 같이 코딩해보자. 연쇄 블록 설정하는 것 실수하지 말고.

1. title @a title {"text":"성공~","color":"blue"}
2. tp @p 0 -59 0

이번에 "@a"가 사용되었네요? 그리고 타이틀의 색상도 파란색으로 바뀌었어요.

그래. "@p"는 해당하는 플레이어 한 명만 보게 되지만, "@a"를 하면 모두 볼 수 있지. 그래야 누군가 완주한 것을 알 수 있으니까. 그리고 타이틀은 색상뿐만이 아니라 글씨체 등도 바꿀 수 있어. 여러 가지 보조적인 코드들도 가지고 있어서 앞으로 많이 사용하게 될 거란다.
시각적인 사용자 인터페이스(GUI) 역할을 하는 명령어니까 원활한 게임 진행을 위해서 채팅창에 문장을 띄우는 명령어들과 함께 많이 사용되고 있지.

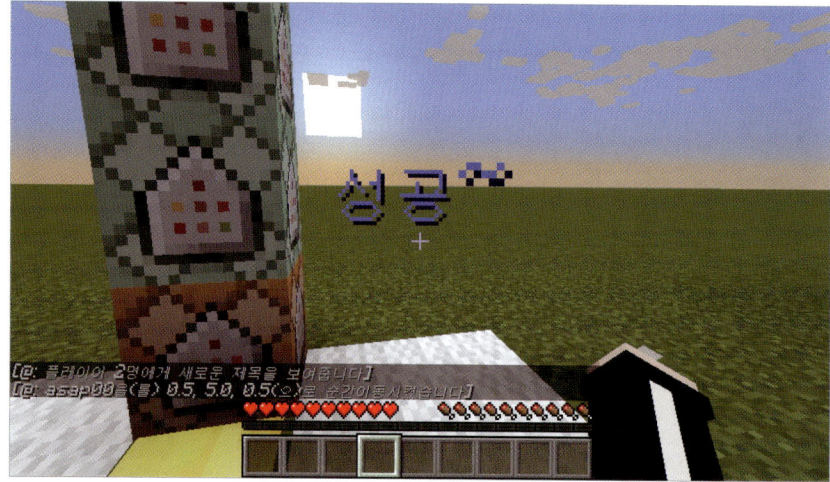

축하합니다. 선생님. 성공하셨네요! 너무 쉽긴 하지만..
그런데 채팅창에 이상한 글들이 뜨는데요?

디버깅을 위해 작동된 명령어 블록들의 출력 상태를 보여주는 거란다. 자세히 보면 끝 지점에 사랑이가 입력한 명령어들에 대한 내용이지? 이것이 플레이에 방해가 된다면 아래 명령어로 안보이게 설정할 수 있어.

```
/gamerule commandBlockOutput false
```

 TIP

이렇게 기본 달리기 미니게임이 완성되었습니다. 초보자에게는 어려울 수도 있지만 대부분은 쉽다고 느낄 거예요. 그러니 코스를 더 길게 만들고 중간중간 간단한 함정을 추가해보세요. 충분한 연습이 끝났다면 다음 페이지에서 미니게임을 조금 더 재미있게 업그레이드 해봅시다.

업그레이드(Upgrade)
달리기

미니게임을 만든 학생이 직접 선정한 업그레이드 기능입니다. Tip과 비슷하지만 해당 미니게임을 직접 만든 학생이 조금 더 유익한 방향으로 미니게임을 업그레이드할 것 같군요. 여러분도 함께 해보세요.

사랑: 달리기 맵이 커지고 길어지면 리스폰 된 후 다시 시작하기가 어렵고 싫어지기도 해요. 그래서 중간중간 리스폰지점을 다시 설정해주는 기능이 필요하죠.

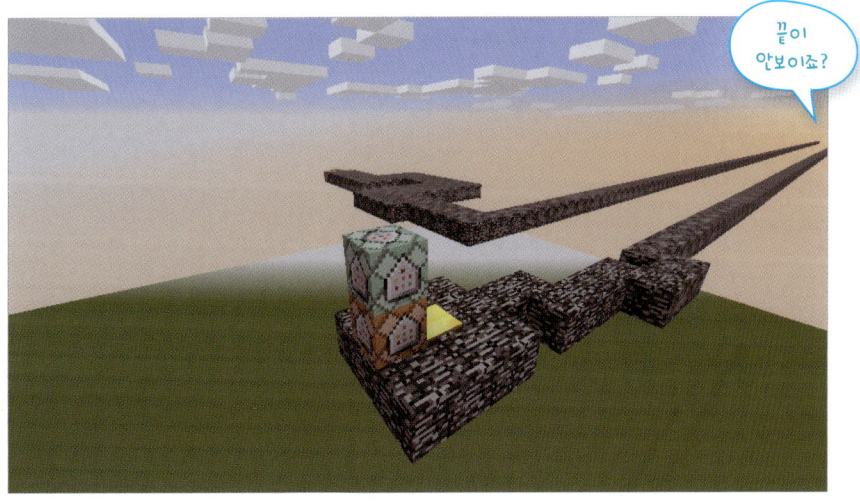

끝이 안보이죠?

가장 먼저 필요한 것은 명령어 블록이에요.
다음의 명령어를 실행해서 명령어 블록을 준비해요.

/give asap02 minecraft:command_block

 아래와 같이 길에 배치하고 명령어를 입력해요. 압력판을 밟고 지나가는 순간 스폰 지점이 설정되는 거죠.

필요에 따라 중간중간 이렇게 만드세요. 압력판도 잊지 말고요.

```
spawnpoint @p ~ ~2 ~
```

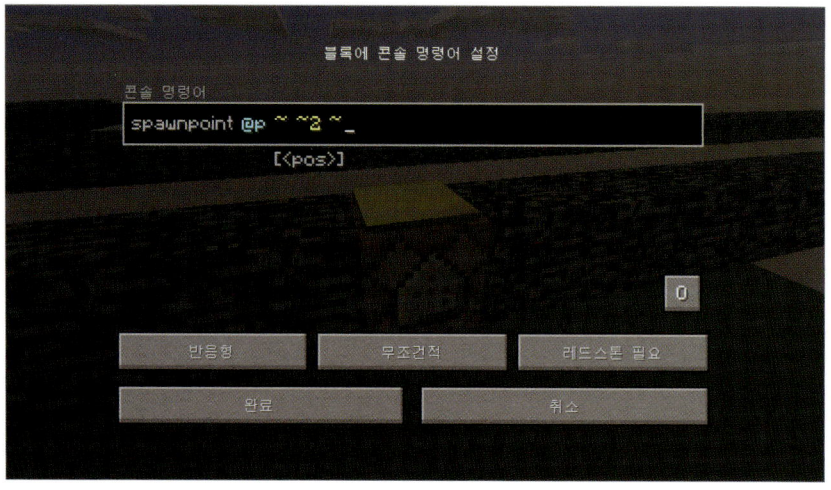

더 재미있는 미니게임 코딩
건축

블록을 하나하나 붙여놓으며 거대한 달리기 맵을 만든다는 것은 정말 힘든 일입니다. 물론 명령어(fill)를 잘 이용한다면 조금이나마 도움이 되긴 합니다. 준섭이가 이런저런 방법 중 가장 좋은 방법을 알려준다는군요.

저는 단순 달리기든 빠른 달리기든 달리기 맵을 만들 땐 항상 이 방법을 사용해요. 다른 친구들이 어떻게 이런 맵을 쉽고 빠르게 만드는지 궁금해 하기도 하죠.
새로운 세계에서 만들면 좋겠지만 사장이에게 보여줘야 하니까 사장이의 맵을 그대로 이용할게요.
가장 먼저 적당한 장소에 명령어 블록을 하나 배치해요.

공간좌표를 잘 안다면 마음대로 만들어도 되지만, 그렇지 않다면 똑같이 따라 해야만 해요. 안 그러면 돌이킬 수 없는 상태가 되거든요.
다음은 아래 명령어를 넣고 명령어 블록을 반복형으로 설정해요.

`execute at MisterSeop run fill ~-1 36 ~-1 ~1 36 ~1 minecraft:bedrock keep`

MisterSeop 대신 여러분들의 아이디를 넣으세요.

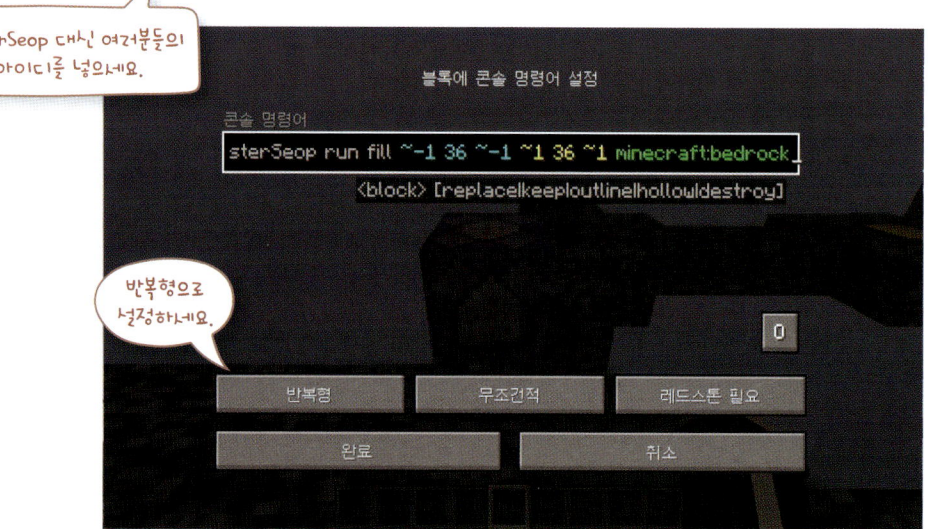

반복형으로 설정하세요.

이젠 정말 집중해야 해요. 혼자서 작업하는 경우가 많기 때문에 혼자 작업하는 입장에서 설명할게요.
위 명령어 블록 바로 옆 공중에 떠서 레드스톤 블록을 손에 들고 기다려요.

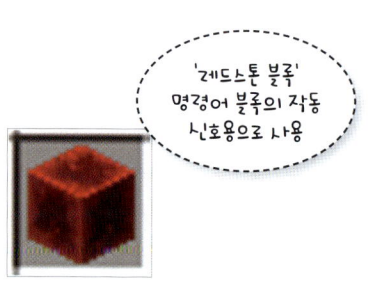

'레드스톤 블록' 명령어 블록의 자동 신호용으로 사용

048

 이젠 명령어 블록에 레드스톤 블록을 붙여요. 그런 후 하늘 위로 높이 날아올라 자신의 발 아래를 보며 이동해봐요.

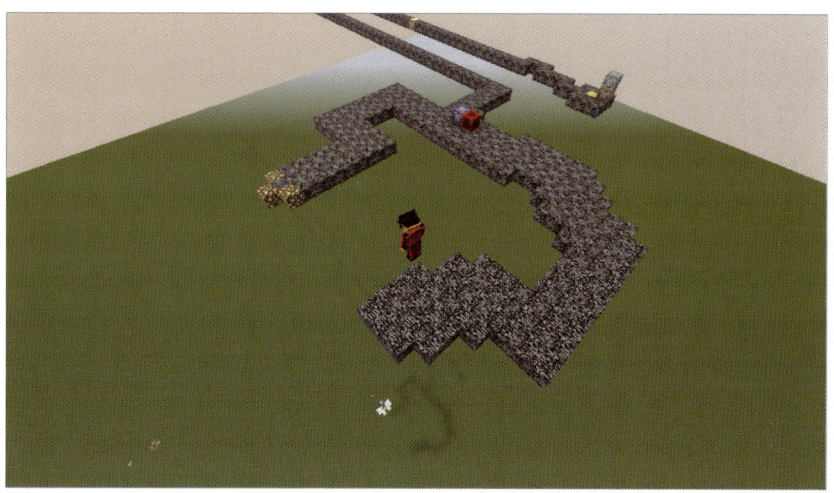

레드스톤 블록을 제거하면 작동 정지!

자신이 원하는 크기의 달리기 맵을 만들면 되고, 끝내고 싶을 땐 레드스톤 블록을 없애면 끝이 납니다.

2.2 현준이의 건축 빨리 하기

  앞의 세계를 그대로 사용합니다. 세계를 다시 만들고 싶다면 앞에서 배운 내용을 참고하세요. 이번엔 건축 연습에 도움을 주는 미니게임입니다. 앞선 달리기 미니게임은 기본적인 플레이 연습이었고, 지금은 건축 연습입니다. 코딩 공부를 한다는 건 여러 가지 사전 조건들을 만족해야만 큰 효과를 볼 수 있습니다. 자동차의 자동 운전 프로그램을 개발하는 사람이 자동차 운전을 못한다면 문제가 되듯이 마인크래프트로 코딩을 하기 위해서는 몇 가지 플레이 능력을 기본적으로 요구합니다.

이런 이유에서 이번에 만들게 될 현준이의 건축 빨리 하기 미니게임은 게임 자체는 그리 재미가 없을 수도 있지만 기획 측면에서 봤을 땐 정말 훌륭한 기획입니다.

그럼 지금부터 유쾌한 기획자 윤현준 학생과 함께 건축 빨리 하기 미니게임 만들기를 시작하겠습니다.

캐릭터 소개

초등학교 4학년 윤현준
마인크래프트로 코딩 공부한 지 6개월 정도 지났습니다.
스스로 게임을 기획할 능력이 있고 선생님과 함께 코딩을 합니다.

이번 게임은 크리에이티브 상태에서 진행을 합니다. 어떤 측면에서는 재미가 없다고 느껴질 수도 있지만, 초보자 친구나 동생의 실력 향상을 위해 함께 해준다면 최고의 미니게임이 될 것으로 생각됩니다.

안녕하세요. 윤현준입니다. 형들에게도 이것 저것 물어보기도 하지만 역시 말보단 직접 연습하는 것이 최고인 것 같아요.

그렇지. 역시 직접 해봐야 실력이 빨리 늘어.
특히나 이런 미니게임은 기획을 한다는 것이 정말 큰 의미인데, 현준이가 이런 게임을 만들어보고 싶다고 의견을 말한 것은 정말 좋은 거야.
우리 함께 하나씩 만들어보자.
이제부터는 혼자서도 가능하지만, 친구들과 함께하는 미니게임을 만들 거니까 LAN(랜) 서버 열기부터 설명해줄게. 여러분들도 함께 따라 해보세요.

1. 기존 세계에서 키보드의 ESC 키를 누른 후 'LAN 서버 열기' 버튼을 클릭합니다.

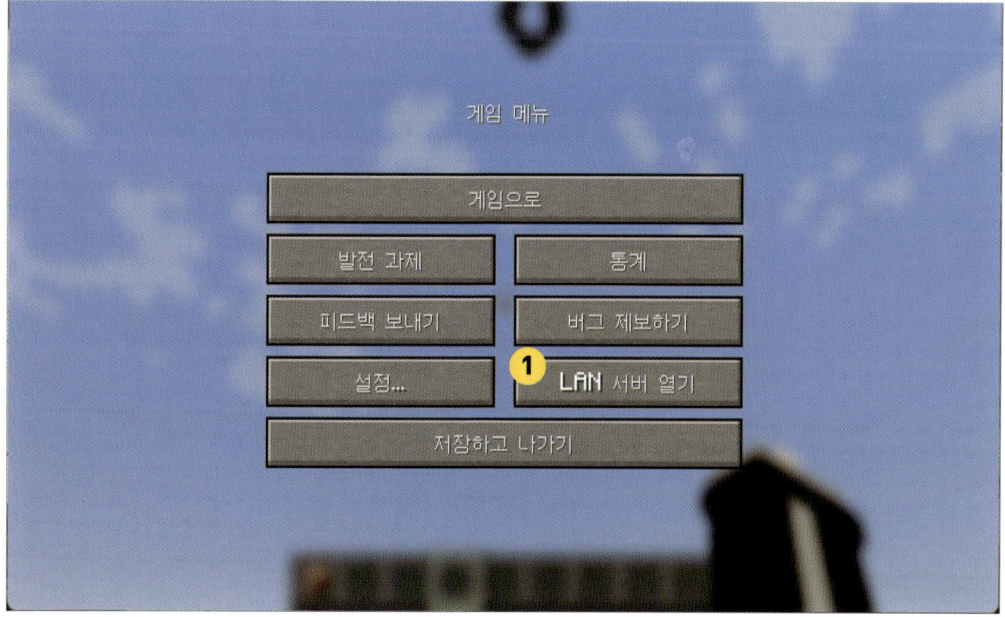

2 버튼을 여러 번 눌러 '게임 모드 : 크리에이티브'로 설정합니다.

3 명령어 설정도 '명령어 허용 : 켜짐'으로 설정합니다.

다른 친구의 마인크래프트 멀티플레이 화면을 새로고침하면 아래와 같이 'LAN 세계'가 나타납니다.

4 LAN 세계를 선택합니다.

5 '서버 참여' 버튼을 클릭해서 접속합니다.

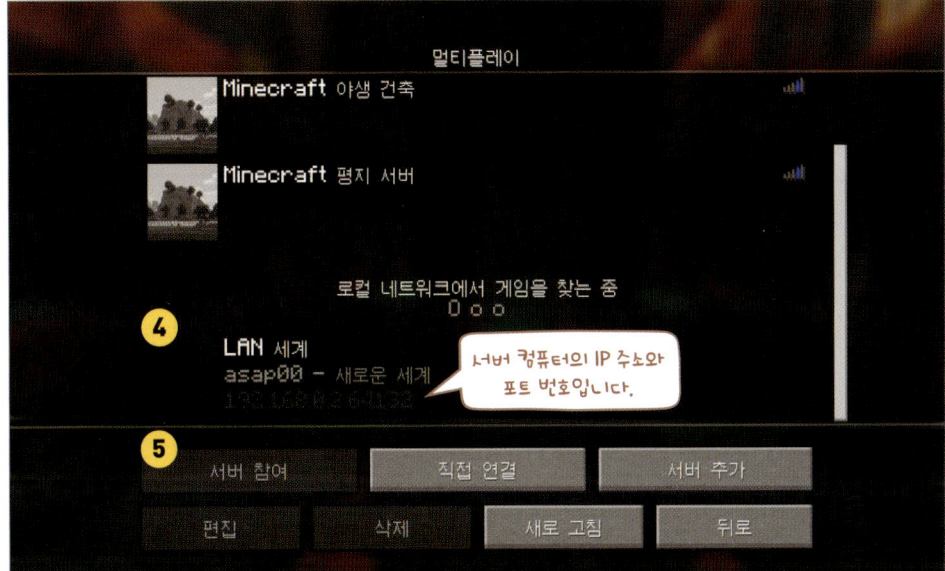

만약 다른 곳에서 시작되어 서로 어디 있는지 알 수가 없다면 아래의 명령어로 텔레포트를 해보세요. '아이디1'을 '아이디2'가 있는 곳으로 텔레포트하는 명령어입니다.

/tp 아이디1 아이디2

반갑다. 현준아. 이렇게 만나면 서로 툭툭 쳐보기도 하고 서로의 캐릭터를 살펴보기도 하며 반가움을 표시하기도 하지만 우린 지금부터 집중해야 해. 간단하게라도 어떤 방식으로 코딩할지부터 얘기해야 하거든.

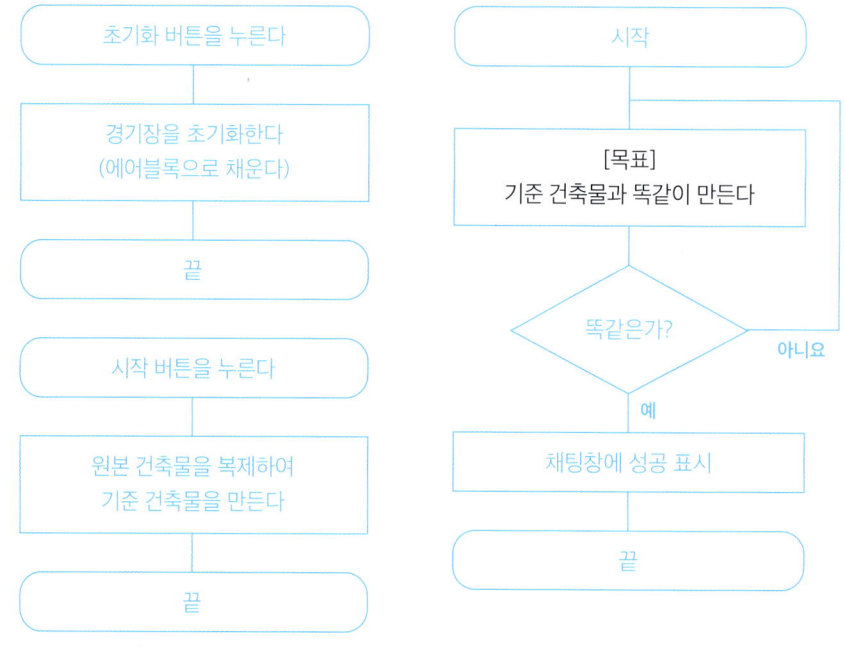

현준이의 설명을 이렇게 정리했지만, 중복된 흐름도를 생각하기도 해서 추가적인 설명이 필요하겠다. 한번 설명해줄래?

게임의 주제는 2명이 기준 건축물을 보고 누가 먼저 똑같이 만드느냐잖아요. 그래서 아무것도 없는 상태에서 시작을 하면 기준 건축물이 나오고 그것을 똑같이 만들면 자동으로 신호를 출력하는 거예요. 생각은 했지만 어떻게 만들지 모르겠어요.

코딩 공부를 시작한지 얼마 안되었으니 당연히 모를 수 있어. 하지만 앞에서도 말한 것처럼 그렇게 스스로 생각하고, 자신의 생각을 명확히 설명하는 것이 코딩 공부의 목적 중 하나란다. 그것만으로도 매우 잘 하고 있는 거야. 그럼 같이 만들어보자.

가장 먼저 책을 보는 친구들이 함께 만들 수 있도록 '50 -59 50'으로 이동부터 해 보자. 그리고 네가 생각하는 방향으로 경기장부터 만들 거야. 가운데는 기준 건축물, 양쪽은 플레이어를 위한 공간이 되도록 말이지.

/tp @a 50 -59 50

 이번엔 경기장 울타리를 아래 명령어로 만들어보자.

```
/fill 50 -60 50 55 -60 65 minecraft:oak_fence
```

X축 방향으로 6칸, Z축 방향으로 16칸이에요.

그리고는 3등분을 해서 4x4블록 크기의 3개의 영역을 다음과 같이 만들어보자. 노란색 영역이 기준 건축물의 위치이고, 빨간색과 파란색은 플레이어가 만들 영역이야.

빨간색(레드)팀의 건축 장소

기준 건축물 위치

파란색(블루)팀의 건축 장소

콘크리트 블록의 색상이 맘에 드네요.

선생님: 다음은 아래 명령어로 같은 크기의 복제물을 하나 더 만들자.

```
/clone 50 -60 50 55 -60 65 70 -59 50
```

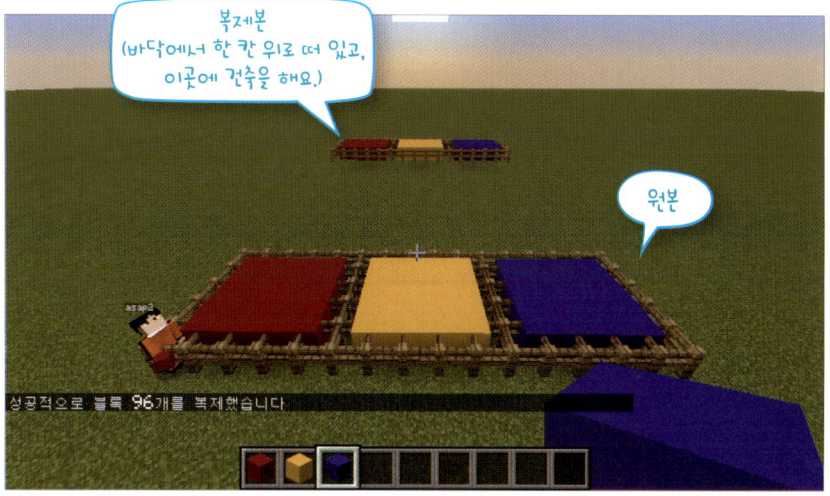

복제본
(바닥에서 한 칸 위로 떠 있고, 이곳에 건축을 해요.)

원본

이번엔 현준이가 하나하나 정성스럽게 건축물을 만들어야 해. 건축물이라고 생각하기 보단 조형물이 더 좋을 것 같구나!

현준: 네! 바로 시작할게요. 전 높이를 최대 4칸까지만 만들고 싶어요.

선생님: 그래! 그리고 알고 있듯이 생성 영역을 3칸으로 한 이유는 난이도를 3단계로 나누기 위함이기도 해. 그러니 빨간 바닥의 장소엔 쉬움(하), 노란 바닥은 보통(중), 파란 바닥은 어려움(상) 수준으로 만들어보자.
복제본 위치에 만드는 것은 꼭 잊지 말자.

난이도 조절이 제대로 되었니?
이젠 아래와 같이 명령어 블록들을 배치해보자.

```
/give @a minecraft:command_block
```

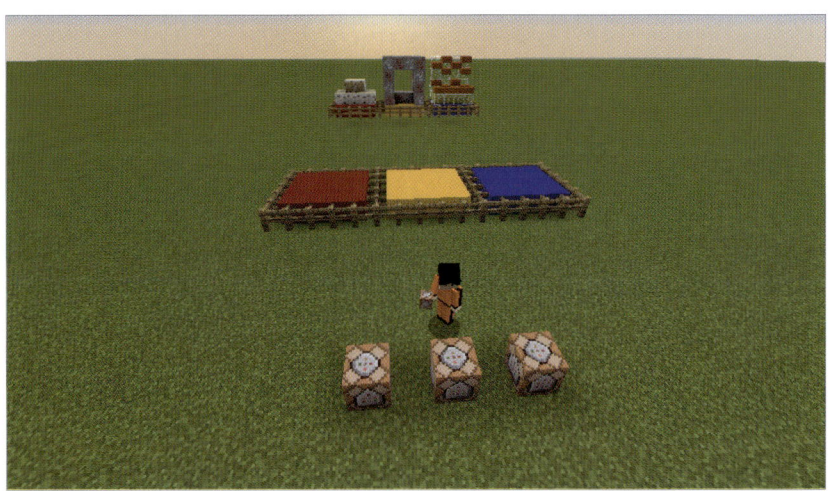

선생님

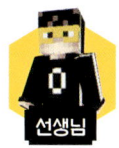

다음은 아래 명령어들을 순서에 맞춰 입력해줘야 해. 그리고 명령어 블록에 버튼을 달고 하나씩 눌러보는 거야.

```
1 clone 71 -58 51 74 -54 54 51 -59 56
2 clone 71 -58 56 74 -54 59 51 -59 56
3 clone 71 -58 61 74 -54 64 51 -59 56
```

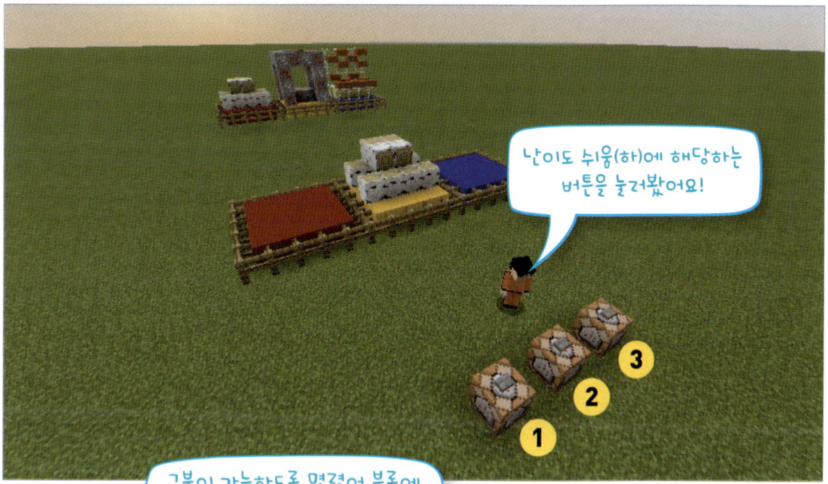
난이도 쉬움(하)에 해당하는 버튼을 눌러봤어요!
1
2
3

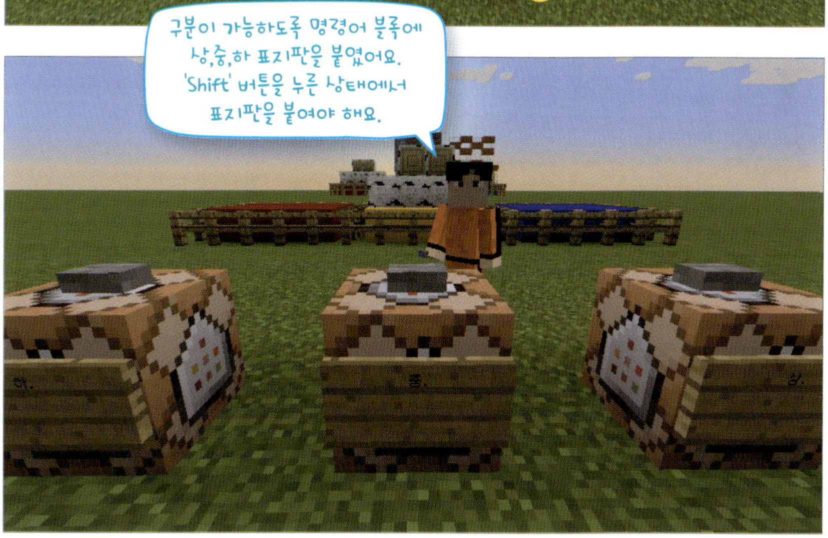
구분이 가능하도록 명령어 블록에 상,중,하 표지판을 붙였어요. 'Shift' 버튼을 누른 상태에서 표지판을 붙여야 해요.

 3개의 조형물이 잘 복제된다면 이번엔 '초기화' 기능을 만들어보자. 앞에서 흐름도를 만들 때 대표적으로 정리했던 기능이지. 한 쪽에 명령어 블록을 하나 더 배치하고 아래 명령어를 입력해보자.

4 fill 51 -59 51 54 -55 64 minecraft:air

 '초기화' 버튼을 누르니 깨끗해져요. 다시 '상', '중', '하' 버튼을 누르면 다시 기준 건축물이 나타나고요.

 맞아. 게임은 한 번만 플레이 하는 것이 아니라 계속 반복적으로 여러 번 플레이 할 수 있어야 하니까 초기화 기능이 꼭 필요한 것이지.
이번엔 정말 중요한 마지막 기능을 만들어보자.

 기준 건축물과 내가 만든 건축물을 비교해주는 기능을 말씀하시는 거죠? 눈으로 비교하면 친구랑 자주 싸울 것 같아요.

맞아. 바로 그 기능이야. 이 기능을 위해서 아래와 같이 명령어 블록과 비교기를 배치해보자.

비교기는 이름과 같이 신호를 비교하는 기능을 가지고 있어. 위와 같이 배치하면 명령어 블록이 작동하기 전과 후가 다름을 비교, 감시해서 그 달라진 시점에 출격을 한단다.

이번엔 아래와 같이 명령어를 명령어 블록에 입력하자. 그리고 시작되는 명령어 블록은 '반복형'에 '항상 활성화'로 설정해야만 해.

5 execute if blocks 51 -59 56 54 -55 59 51 5 51 all
6 tellraw @a {"text":"레드팀 승리","color":"red"}
7 execute if blocks 51 -59 56 54 -55 59 51 5 61 all at
8 tellraw @a {"text":"블루팀 승리","color":"blue"}

파란색, 그러니까 블루팀 쪽을 만들었더니 채팅창에 "블루팀 승리"라는 문구가 바로 떴어요. 이렇게 되면 채팅창에 글이 먼저 올라온 사람이 이기는 거군요!

 TIP

초기화를 하고 난이도 버튼을 누른 시점에서 바로 플레이를 시작하면 됩니다. 여러분들도 자신만의 멋진 조형물을 만들어서 친구와 플레이 해보세요. 조형물의 높이를 좀 더 높이면 난이도를 충분히 높일 수 있을 겁니다.

업그레이드(Upgrade)
건축

명확성은 논리력 향상에 많은 도움을 줍니다. 이번 게임은 재미보다 명확성을 더 높여보는 것이 좋겠군요. 명확성이 떨어진다면 자신의 생각(논리)이 틀린 것인지 코딩을 실수한 것인지 아니면 이외에 다른 문제가 있는 것인지 혼란이 생기게 되니까요.

'블루팀 승리', '레드팀 승리' 글씨가 많아진 다음부터는 누가 먼저인지 구분하기 어려워졌어요.

그래, 그렇겠구나. 이럴 때 명령어에 코드를 조금 더 추가해주면 구분하기 쉬워질 거야.

```
tellraw @a {"text":"\n\n\n\n\n블루팀승리","color":"blue"}
```

'\n'표시는 줄 바꿈 코드란다. 이외에도 많지만 이것만 알고 있어도 도움이 될 거야. (\=₩)
결국 5줄을 만든 후 글자를 표시하게 되지.

 TIP

여러분도 이렇게 바꿔보세요. 레드팀도 바꿔야 하는 것 알고 있죠?
앞서 배운 것들을 이용해서 초기화 버튼을 누르면 채팅 창을 깨끗이 지우는 방법도 좋은 코딩 연습 방법입니다. 초기화 버튼을 누르면 양팀의 승리 문구가 나타나는 버그도 해결됩니다.
그리고 반복형, 연쇄형 블록이 작동하지 않는다면 '항상 활성화'를 재설정 해보세요.

건축

더 재미있는 미니게임 코딩

컴퓨터에서는 명확함의 정도가 여러분의 생각보다 더 정확할 수 있습니다.

준섭: 현준이의 게임을 하다 보니 '보통(중)' 난이도에서 너무 어려운 부분이 없었어요. 이건 다른 친구들도 알고 있어야 할 것 같아요. 바로 모든 블록들은 하나의 상태가 아니라는 거에요.
레드스톤처럼 활성화가 된 상태와 아닌 상태는 다르게 판단되거든요. 이것을 모른다면 어디가 잘못된 건지 알 수 없게 되어서 미니게임 만들기에 대한 흥미가 떨어질 것 같아요.

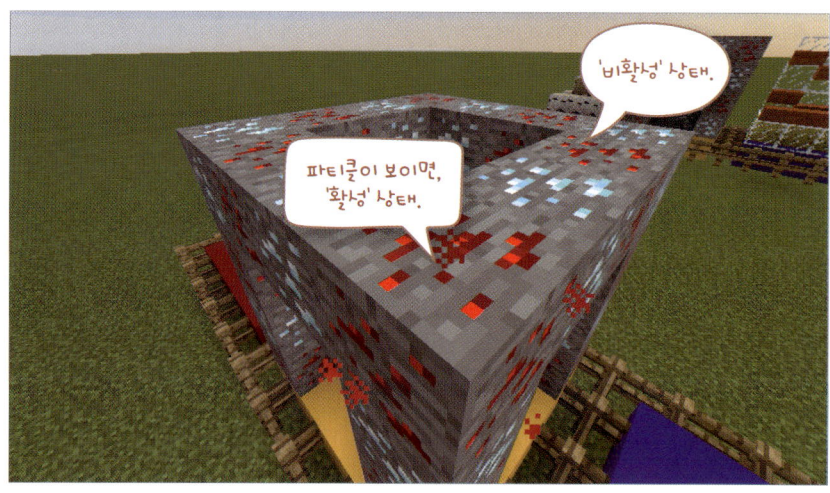

파티클이 보이면, '활성' 상태.

'비활성' 상태.

선생님: 건축 전문가다운 예리함이구나! 여러분들도 찾아냈죠?

2.3 성민이의 좀벌레 싸움

　이제부터는 각 미니게임마다 새로운 세계를 만듭니다. 앞의 두 미니게임은 기본기를 다지기 위한 학습 위주의 게임이었다면, 이번 게임은 재미 위주의 게임입니다. 친구와 둘이서 서로의 생존 전투 능력을 비교하는 게임이죠. 전투의 상대는 친구가 아닌 '좀벌레'입니다. 물론 친구와 경쟁하는 구조이긴 합니다. 누가 먼저 좀벌레들을 퇴치하고 탈출 버튼을 누르느냐를 겨루는 게임이거든요. 여러 말이 필요 없겠죠? 조금 무섭거나 징그러울 수 있으니 마음의 준비를 해두는 것이 좋습니다. 참고로 '징글징글하게 재미있다'는 평가를 받은 미니게임입니다.

　그럼 이번에는 재미있는 상상력이 뛰어난 주성민 학생과 함께 좀벌레 싸움 미니게임 만들기를 시작하겠습니다.

| 캐릭터 소개 | **초등학교 2학년 주성민**
마인크래프트로 코딩 공부한 지 2년 정도 되었습니다. 스스로 기획하고 건축을 할 수 있고, 기본적인 명령어를 사용할 수도 있죠. 좀벌레 싸움 미니게임의 코딩은 선생님과 함께 진행했습니다. |

완전한 평지로 새로운 세계를 만들고, 아래의 환경설정을 순서대로 진행해봅니다.
첫 번째 명령어는 명령어 블록의 출력 결과를 채팅창에 표시하지 말라는 명령어입니다.
두 번째 명령어는 미니게임에 방해가 되는 몹들이 스폰 되지 않게 설정합니다.
마지막은 게임 난이도를 쉬움(하)으로 설정하는 것입니다.

```
/gamerule commandBlockOutput false
/gamerule doMobSpawning false
/difficulty easy
```

안녕하세요. 주성민입니다. 저는 쉬움(하)으로 설정해도 충분히 어렵더라고요. 좀 벌레가 어마어마하게 많이 나와서…

선생님이 해봐도 어렵더구나. 그런데 벌써 시작지점을 만들었니? 눈에 확 들어오네. 역시 재미있게 잘 표현하는구나! 하지만 이 책을 보는 다른 친구들을 위해 적당한 좌표 위치로 이동해야 한단다.

성민아, 아래 명령어로 너와 선생님까지 함께 이동시켜볼까?
좌표는 역시 0, -59, 0이야. 완전한 평지 기준의 원점이지.

```
/tp @a 0 -59 0
```

이동한 위치 근처에 시작지점을 만들 표시까지 했어요. 귀여운 늪가임으로요~

마인크래프트 코딩 공부를 1년 이상한 친구들 중에 스스로 생각하며 미니게임을 만드는 친구들은 이정표와 같은 독특한 건축물을 기본적으로 만들어 놓습니다. 자신의 미니게임인지도 확인하고 언제, 어떤 미니게임인지도 스스로 구분하기 위해서이죠. 마치 어른들이 많은 컴퓨터 파일을 만들다 보면 나름의 규칙성을 만들어 파일 이름을 만들어내듯이 말이죠. 여러분도 이런 좋은 습관을 만들어보세요.

이젠 가장 중요한 너의 기획을 정리해보자. 사실 아직까지 좀벌레 싸움이란 이번 미니게임이 어떤 것인지 설명이 부족했으니까 간단한 설명부터 해주기 바란다.

네, 몹들 중에 좀벌레라는 것이 있어요. 이것은 블록처럼 생긴 벌레 먹은 석재 벽돌이 공격을 받으면 나타나는데요. 정해진 공간 안에 벌레 먹은 석재 벽돌을 많이 쌓아두고 그 깊은 바닥에 탈출 버튼을 배치해요. 좀벌레를 상대로 잘 싸워서 탈출하는 게 목적입니다.

그래, 좀벌레와 싸우기 위해서는 아이템들도 챙겨줘야겠구나!
가장 중요한 건 한 번만 플레이 할 수 있는 게임이 아니라 반복적으로 새로운 게임을 할 수 있도록 만드는 것이지. 아래의 순서도 같이 말이야.

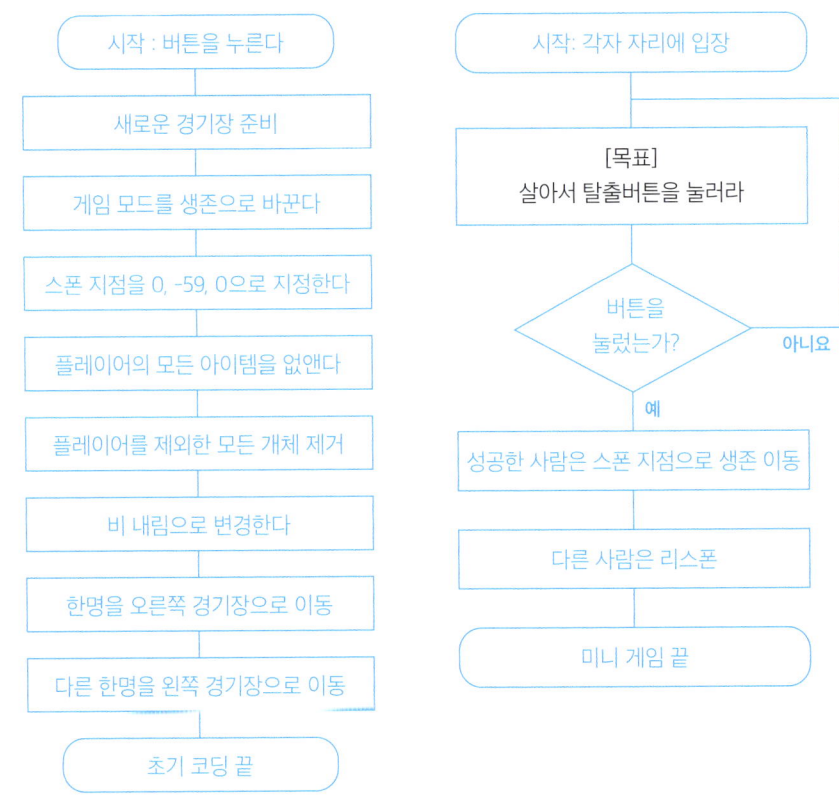

혼자서도 플레이 할 수 있는 미니게임입니다. 단지, 재미와 안도감을 주기 위해 2인용으로 바꾼 것이죠.

이번엔 성민이가 결투장을 하나 만들어보자. 땅이 아니라 하늘 위에 말이지. 다른 친구들이 좌표를 쉽게 이해할 수 있게 바닥은 아래 명령어로 만들어 줄게. 그 위에 필요한 것들을 만들면 되는데 fill 명령어를 이용해서 간단하게 만들어보자.

```
/fill 0 36 0 10 36 20 minecraft:grass_block
```

가장 먼저 만들어야 하는 것은 가장 깊숙이 배치될 탈출 버튼이야. 알고 있지? 위에 눈 블록으로 표시해 놓은 위치에 땅을 파고 명령어 블록 2개와 버튼을 아래와 같이 배치해보자.

위면이 평평하게 맞이쵸?

방향에 주의

그리고 아래 명령어로 벌레 먹은 석재 벽돌들을 만들자. 네가 자유롭게 해도 되지만 좌표를 보고 해야 하는 친구들을 생각해서 좌표를 정확히 입력해야 해.

```
/fill 1 37 19 9 40 10 minecraft:infested_stone_bricks destroy
```

1번 좌표   2번 좌표   두 좌표 사이를 지정된 블록으로 채운다.

조금 복잡해지네요?

앞의 미니게임에서도 설명했지만 혹시 이해를 못한 친구들이 있을 수도 있으니까, 다시 한번 해보자.
너도 알고 있듯이 채우기 명령어인 fill은 어디서부터 어디까지 채운다는 의미의 두 묶음의 좌표(1 37 19 9 40 10)와 무엇으로 채운다는 의미의 블록 이름(infested_stone_bricks)으로 구성되어있고, 마지막으로 "destroy"는 여러 채우기 방식 중의 하나란다.

성민: 더 꾸미고 싶지만 이 정도로 할게요. 꼭 필요한 아이템 상자와 울타리를 만들었어요. 그리고 어두워지면 잘 안보이니까 촛불도 놓을게요.
아! 앞 블록 앞 줄에 일반 블록을 몇 개 넣을게요.

이끼 낀 석재 벽돌을 중간중간에 넣어두면 끝!

선생님: 이번엔 처음에 배치해 놓은 탈출 버튼의 명령어 블록에 명령어를 입력해보자. 명령어 블록 2개 중에 두 번째 블록을 연쇄형, 항상 활성화로 설정 변경해야 하는 것도 잊으면 안 된다.

1. tp @p 0 -59 0
2. kill @e[x=-100,dx=200,y=-14,dy=110,z=-100,dz=200]

설명 좀 해주세요. 특히 두 번째 연쇄 블록에 입력한 명령어의 dx는 뭔가요?

비록 2개의 명령어 블록으로 이루어져 있지만 분명 순차문(Sequence)이야. 먼저 탈출 버튼을 누른 사람은 1번 명령어 블록에 의해 시작지점으로 이동을 하고, 2번 명령어 블록이 작동을 하지. 2번 명령어 블록의 데이터들은 어디서부터 어디 사이를 지정하는 값들이야.
'kill' 명령어는 잘 알고 있지? 버튼을 눌러볼래?
그럼 넌 이동하고, 선생님은 리스폰된단다.

이번엔 2인용으로 만들어보자. 아래 명령어로 한 덩어리를 더 복제하는 거야.

```
/clone 0 36 0 10 40 20 15 36 0
```

복제(clone)는 선생님이 하시는게 좋겠어요. 대신 전 옆에서 자세히 볼게요.

결과 확인!

여기까지는 준비 과정이야. 지금부터 집중해서 가장 중요한 코딩을 해보자. 아래 명령어로 위 경기장을 한 쌍 더 만들 거야. 실제 플레이를 할 경기장인 거지. 위에 것들은 원본이니 절대 부수면 안돼!

```
/clone 0 36 20 25 40 0 0 36 -50
```

원본 한 쌍

다음은 시작지점에 아래와 같이 명령어 블록을 배치하자.
버튼도 하나 배치하고, 앞서 사용한 clone 명령어를 그대로 시작지점 첫 번째 명령어 블록에 입력해주는 게 중요해.

첫 번째 명령어 블록

이제부턴 성민이가 진행해보자. 다시 위로 올라가서 원본이 아닌 복제본의 상자 앞 좌표를 기록해와야 해. 2개 모두 말이지.

다녀오겠습니다. 다녀오면 어디에 무엇을 입력해야 하는지 알려주세요.

좌표
20 38 -47

이 지점의 좌표는
5 38 -47

역시, Y좌푯값에 1을 더해줬구나?

네, [F3]을 눌러서 자신의 좌표 정보를 확인하고, Y값에 1을 더해줘야 해요. 그렇지 않으면 땅속에 끼어서 못 움직일 수가 있으니까요.
이건 별로 중요하지 않아서 자주 잊는 것이지만, 이 책을 보는 친구들은 이제 잊지 않을 것 같아요.

좋다. 이제 첫 번째 명령어 블록을 제외하고 모두 연쇄형 블록으로 설정한 후에, 다음 명령어들을 순서대로 입력해보자.
연쇄 블록은 '항상 활성화'로 설정해야 하는 것 잊지 말고.

```
1  clone 0 36 20 25 40 0 0 36 -50
2  gamemode survival @a
3  spawnpoint @a 0 -59 0
4  clear @a
5  kill @e[type=!player]
6  weather rain
7  tp @p 5 38 -47
8  tp @p 20 38 -47
```

명령어와 명령어 블록의 설정 상태 그리고 명령어 블록의 방향 등이 조금이라도 틀리면 정상적으로 작동하지 않습니다. 8개 블록을 모두 눈여겨보며 틀리지 않게 코딩하세요.

시작 버튼을 누르니 아래와 같이 각자의 경기장으로 입장되었어요.

이제 상자에서 아이템을 꺼내서 친구보다 먼저 탈출 버튼을 눌러보세요. 처음엔 어려울 테지만 여러분의 마인크래프트 경험을 잘 떠올리며 좀벌레를 상대한다면 충분히 탈출할 수 있을 거예요.

선생님, 저도 미니게임을 더 재미있게 꾸미고 싶어요.

물론이지. 다음 페이지로 넘어가서 업그레이드 시켜보자.

업그레이드(Upgrade)
좀벌레 싸움

이 게임을 더 재미있게 즐기기 위해 성민이는 어떤 추가 작업을 할까요? 여러분들도 함께 업그레이드 해보세요.

저는 코딩을 추가하는 것은 어려우니 아이템을 추가하는 방법으로 업그레이드를 해볼게요.
지금 상자 안에 있는 아이템들 외에 추가로 몇 개의 아이템을 더 넣어두면 좀벌레와의 싸움이 쉽고 재미있어질 것 같아요.

오호. 그거 좋은 방법이구나. 원본 상자들에 넣어야 하는 거 알고 있지?
우선 원본 상자로 가서 네가 원하는 아이템들을 넣어보자.

이 뒤쪽이 원본이에요.

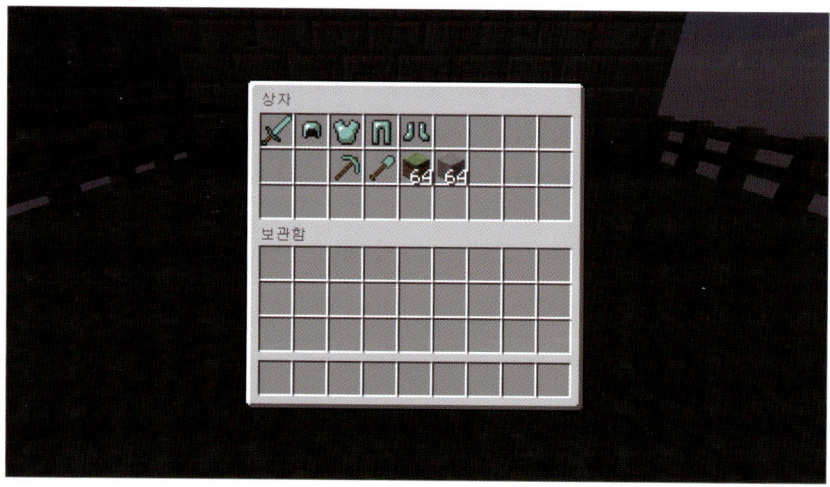

생존 모드에서 몹들과의 싸움을 위해 블록들이 많이 필요해요.
그래서 잔디 블록과 돌 블록을 넣었고, 그에 맞게 곡괭이와 삽을 추가했어요.
이제 좀벌레와 싸워볼게요.

선생님은 삽이 맘에 드는구나!
그런데 먹을 것 좀 넣어둬야 하지 않을까?

배가 고플 수도 있겠네요. 하지만 넣지 않겠어요.
달리기 보단 곡괭이질과 싸움을 더 할테니까요.

 TIP

여기까지 어려움 없이 진행했다면, 투박한 알 더미를 게임의 분위기에 맞게 조형물 형태의 알 더미로 바꿔보세요. 그러면 훨씬 멋진 미니게임이 될 겁니다.

더 재미있는 미니게임 코딩
스코어보드(점수판:Scoreboard)

최종 결과만 보는 것도 좋지만 진행 상황을 살피며 서로의 플레이 상황을 비교하는 것도 재미있습니다. 그런 목적으로 스코어보드를 추가해볼게요. 아래 명령어와 같이 좀벌레(Silverfish) 개체를 죽인 "count"라는 이름의 스코어보드 오브젝트(objectives)를 추가합니다. 그다음은 만들어진 스코어보드를 여러분들이 잘 볼 수 있도록 화면의 오른쪽에 사이드바(Sidebar) 형태로 표시하면 끝입니다. 간단하지만 스코어보드 명령어 이외에 여러 가지 하위 코드들이 많이 있습니다.

```
/scoreboard objectives add count minecraft.killed:minecraft.silverfish
/scoreboard objectives setdisplay sidebar count
```

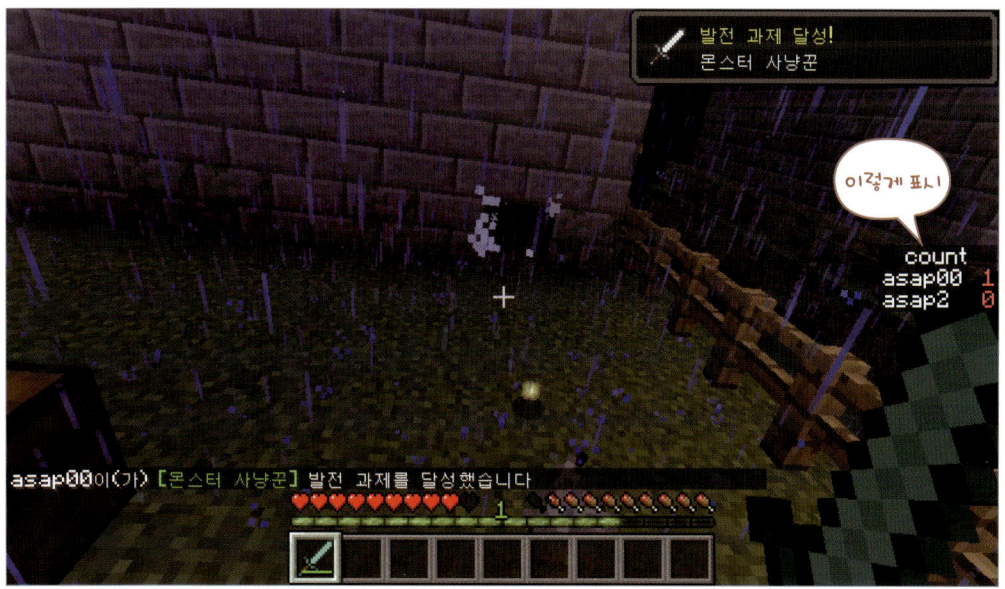

더 재미있는 미니게임 코딩
건축

앞서 이야기한 것처럼 조형물을 바꾸면 어떤 느낌일까요? 준섭이가 바꿔본 결과를 살펴보겠습니다. 만약 기존 복제(clone) 명령을 할 때의 좌표 공간보다 크게 만들고 싶다면 좌표값을 수정해주어야 합니다. 자신이 없다면 기존의 사각 상자 형태의 조형물 크기 보다 크게 만들지 않는 것이 좋겠군요.

조형물을 바꿔봤어요. 조금 더 그럴 듯 하죠?
알 블록 또한 다른 블록들처럼 여러 모양의 블록들이 있어요.
시간이 허락한다면 거대한 조형물을 만들어서 그곳 내부를 탐험하면서 좀비들을 처치하고 싶네요.

더 재미있는 미니게임 코딩

명령어

게임이 시작될 때 점수를 리셋(Reset)할 필요가 있습니다. 우연이의 설명을 보고 따라해 보세요.

우연

시작 코딩의 가장 끝에 연쇄형 블록, 항상 활성화 상태의 명령어 블록을 하나 추가해요. 그리고 방향에 주의해야 해요.

'연쇄형', '항상 활성화'

명령어 블록에 아래의 명령어를 입력해요. 간단하죠? 하지만 접속하지 않은 사람은 리셋되지 않아요. 이건 선생님이 다음에 알려주세요.

⑨ scoreboard players reset @a count

CHAPTER 3

마인크래프트로
시작하는 코딩_활용 Ⅱ

3.1 지섭이의 좀비 낚시터

지섭

 '좀비 낚시터'라는 이름으로 인해 좀비를 낚는 미니게임으로 오해할 수도 있겠지만, 이번 미니게임은 공격해오는 좀비들을 막기 위해 낚시를 통한 아이템 획득 및 방어를 하는 미니게임입니다. 친구들과 협동하여 좀비들로부터 마을을 지키는 게임이죠. 한 명 또는 여러 명이 즐길 수 있습니다. 중요한 것은 앞선 미니게임들 보다 코딩의 난이도가 높습니다. 회로에 대한 이해도 충분해야 합니다. 좌표를 쉽게 이해할 수 있도록 구성했습니다. 차근차근 꼼꼼하게 잘 따라해보면 재미있는 미니게임을 만들 수 있습니다.

 레드스톤 회로를 충분히 알고 있는 화이트 해커 이지섭 학생과 함께 좀비 낚시터 미니게임을 만들어 보겠습니다.

캐릭터 소개

초등학교 2학년 이지섭
마인크래프트로 코딩 공부한 지 3년 정도 되었습니다. 스스로 기획하고 자신이 할 수 있는 명령어 범위 내에서 미니게임을 직접 만들 수 있습니다. 공간좌표를 충분히 이해하고 있죠. 좀비 낚시터를 만들고, 선생님과 함께 수정해봅니다.

완전한 평지로 새로운 세계를 만들고 아래의 환경설정을 순서대로 진행합니다.
명령어 블록 출력 상태를 채팅창에 표시하지 말라는 것과 몹들을 스폰되지 않게 설정하는 것, 마지막으로 난이도를 쉬움으로 설정하는 명령어들입니다.

```
/gamerule commandBlockOutput false
/gamerule doMobSpawning false
/difficulty easy
```

지섭아. 그런데 왜 너만 특별한 운동복을 입은 것 같지?

캐릭터 디자인 담당 한예슬 선생님이 이렇게 만들어 줬어요. 이게 저의 해 동겸도 운동복이거든요. 그리고 앞에서 형들, 누나, 친구가 입을만한 운동복은 다 입어버렸어요.

그래. 운동복을 종류별로 만들기도 힘들겠구나!
아무튼 지섭이의 미니게임에 대한 설명을 들어볼까?

아래 그림은 제가 미리 만들어둔 미니게임인데요. 마을 방향으로 좀비들이 몰려와요. 도착하기 전에 무기 아이템을 낚아서 좀비들을 제거해야만 하죠.

이미 다 만들어 놨지만 책을 보는 친구들을 위해 최대한 간단한 구조로 다시 만들어보자.
너의 말을 아래와 같이 정리해 봤는데 어떠니?

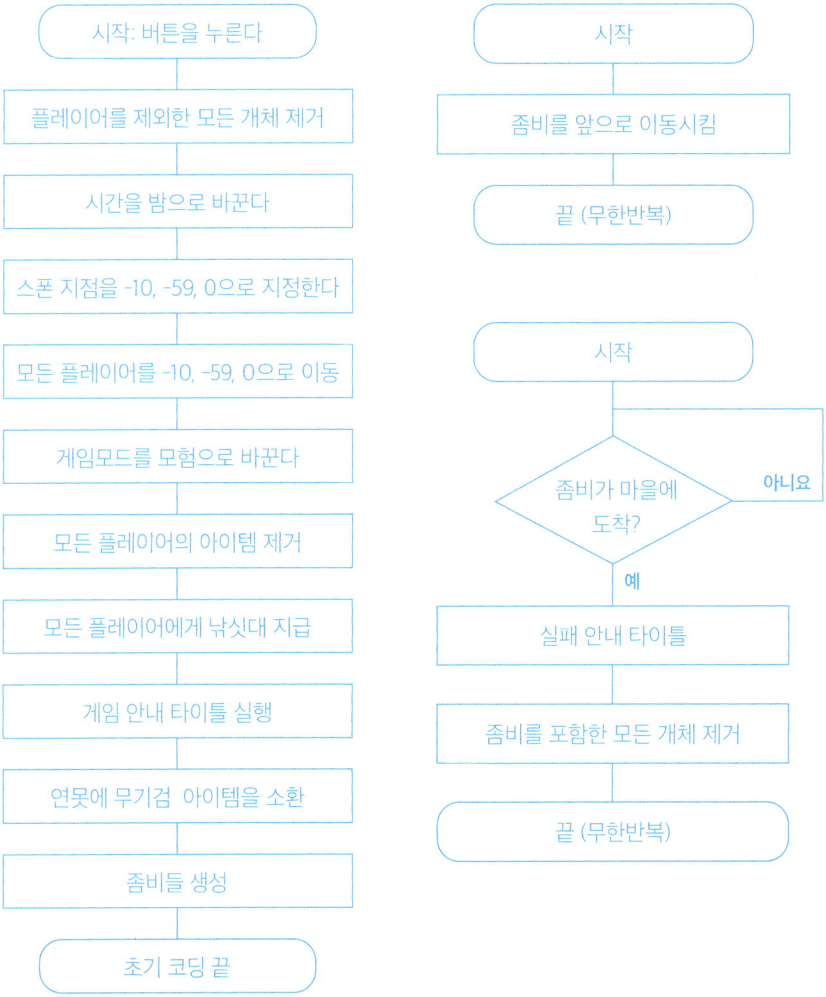

```
시작: 버튼을 누른다
        ↓
플레이어를 제외한 모든 개체 제거
        ↓
시간을 밤으로 바꾼다
        ↓
스폰 지점을 -10, -59, 0으로 지정한다
        ↓
모든 플레이어를 -10, -59, 0으로 이동
        ↓
게임모드를 모험으로 바꾼다
        ↓
모든 플레이어의 아이템 제거
        ↓
모든 플레이어에게 낚싯대 지급
        ↓
게임 안내 타이틀 실행
        ↓
연못에 무기검 아이템을 소환
        ↓
좀비들 생성
        ↓
초기 코딩 끝
```

```
시작
  ↓
좀비를 앞으로 이동시킴
  ↓
끝 (무한반복)
```

```
시작
  ↓
좀비가 마을에 도착? ──아니요──┐
  │ 예                        │
  ↓                           │
실패 안내 타이틀                │
  ↓                           │
좀비를 포함한 모든 개체 제거    │
  ↓                           │
끝 (무한반복)
```

참고용으로 만든 흐름도이니 간단하게 이 정도만 정리해두면 될 것 같다.

네, 사실 흐름도를 배우고 코딩을 배웠다면, 너무 재미없어서 포기했을 것 같아요. 반대로 마인크래프트에서 놀면서 코딩을 하고, 그것을 흐름도로 정리해주시니까 확실하게 이해도 되고요.

그렇구나!
아무튼 지금부터 만들어보자. 일단 아래 명령어로 이동부터 할까?

```
/tp @a 0 -59 0
```

바로 만들기 시작할게요. 장소를 표시 할 조형물부터 만들면 되죠?

그래. 잘 알고 있듯이 자신의 미니게임을 대표하는 조형물부터 만들면 재미도 있고 다른 친구들이 기억하기도 좋아. 하지만 지금은 정말 간단하게 만들자.

알겠어요. 그럼 낚시터를 운영하는 주인 아저씨의 얼굴만 간단히 만들게요.

다음 명령어로 벽을 먼저 만들고, 간단하게 얼굴 표현을 했어요.

/fill -10 -60 -5 10 -44 -5 minecraft:white_wool

도움이 필요하다며 울고 있어요.

이제 낚시 공간을 만들면 되겠죠?
낚시 공간에 좀비들과 싸울 무기들을 떨궈둘 것이기 때문에 플레이어가 들어갈 수 없게 울타리로 만들어야 해요. 그리고 물을 채우면 안돼요. 대신 파란색 블록을 깔아두면 좋겠네요.

맞아. 그 다음은 아래의 명령어를 이용해서 좀비들이 걸어올 길을 만들자. 좀비들이 너무 멀리서 걸어오면 플레이가 심심해질 수도 있고, 너무 짧으면 게임 진행이 안될 수 있으니 자신의 실력에 맞게 적당한 길이로 만드는 것이 중요해.

/fill 10 -58 0 60 -58 5 minecraft:soul_sand

연못 중심을 나타내는 하얀색 블록의 좌표는 0, -61, 1입니다.

뒤에 영혼모래로 된 길은 명령어로 만들고, 낚시공간인 이 연못은 수작업으로 만들었어요.

물론 여러 가지 블록들을 이용해 더 멋진 공간을 만들 수도 있겠지만, 아래와 같이 계단만 조금 더 만들고 건축 활동은 그만하기로 하자.
우린 코딩 공부를 더 많이 해야 하니까.

밤에 플레이를 해야 하니까 계단을 발광석처럼 빛이 나는 블록으로 하면 좋겠어요.

명령어 블록을 준비했어요. 이제 시작 버튼과 함께 명령어 블록을 배치해볼게요. 아래 그림엔 안 나오지만 명령어 블록은 1개예요.

```
/give @a minecraft:command_block
```

받침용 양털 블록

시작용 버튼

배치 위치가 좋은데! 주변을 복잡하지 않게 만들고 싶은 거였구나?

네, 앞으로 만들 회로들도 건물 벽 뒤에 숨기고 싶어요.

그래 좋다. 책을 보는 친구들은 편하게 볼 수 있고, 플레이 할 땐 혼란스럽지 않겠구나. 그럼 명령어 블록에 명령어들을 입력해볼까?

가장 아래에 배치된 명령어 블록을 제외한 모든 블록을 '연쇄형', '항상 활성화'로 설정해야 하는 것도 실수하면 안돼요.

1. kill @e[type=!player]
2. time set night
3. spawnpoint @a -10 -59 0
4. tp @a -10 -59 0
5. gamemode adventure @a
6. clear @a
7. give @a minecraft:fishing_rod

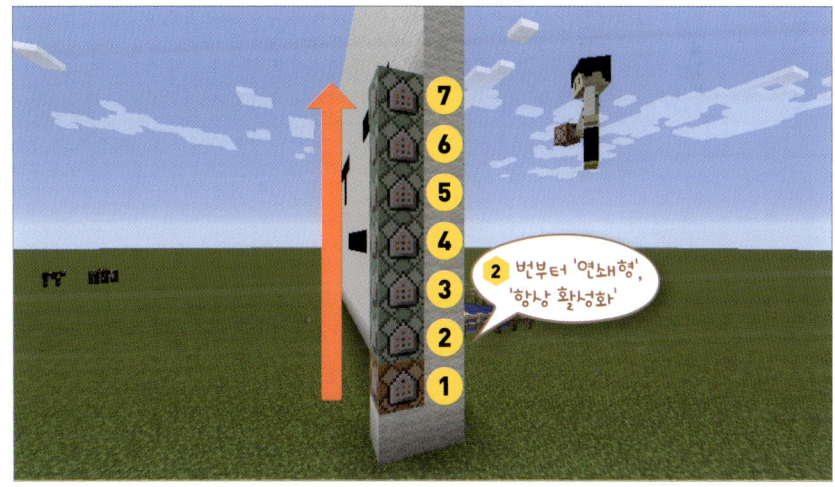

 **선생님**: 어디 제대로 입력했는지 시작 버튼을 한 번 클릭해볼까?
여러분들도 한 번에 모두 진행하려 하지 말고, 중간중간 테스트를 하면서 진행해보세요.

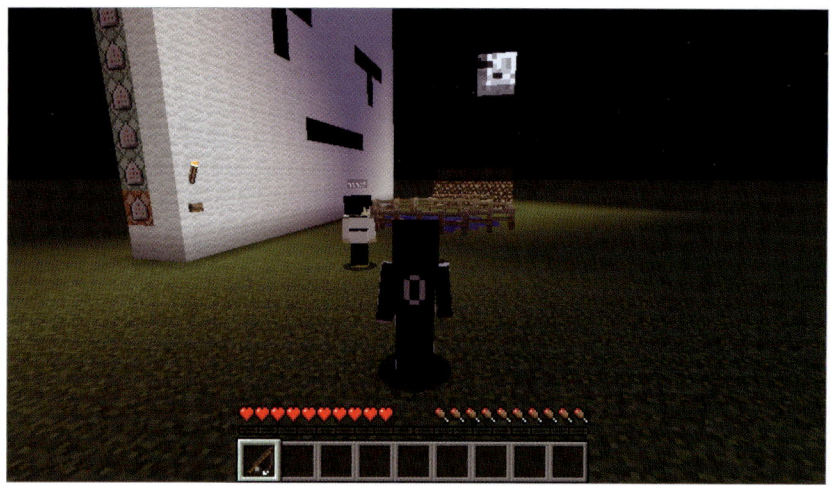

낚싯대까지 들어왔다는 것은 명령어 블록들이 모두 정상 작동했다는 말이고, 원하는 설정 상태로 모두 변했다는 것은 모든 명령어를 실수 없이 입력했다는 뜻이니 잘 만들었구나!
이제 명령어로 크리에이티브 모드로 바꾸어 다시 코딩을 진행해보자. 이번엔 레드스톤 회로를 준비해야 해.

/gamemode creative @a

준비물

지금까지 사용한 '연쇄형'의 명령어 블록을 이용한 코딩은 단순한 순차문(Sequence)이었습니다. 최대한 빨리 순서에 맞춰 진행되는 구조였죠. 이번엔 중간중간에 시간 지연(Delay)을 넣어보겠습니다. 레드스톤 회로를 이용해서 말이죠.

지섭이가 잘하는 레드스톤이니 선생님은 멀리서 지켜보기만 할게.

다들 잘 알고 있겠지만, 회로가 잘 작동되게 해야만 원하는 코딩 작업을 끝낼 수 있어요. 그리고 지금 이렇게 만드는 이유는 '타이틀(title)'을 통한 미니게임 안내 표시와 좀비들을 소환하기 위해서입니다.

레드스톤 가루

가장 먼저 위와 같이 버튼 옆, 아래에 블록을 배치하고 레드스톤 가루를 뿌려요. 레드스톤이 가루이기 때문에 뿌린다는 표현이 맞는거죠?

그래. 버전에 따라 '가루'가 생략되기도 해. 계속 이어서 진행해보자.

다음은 잠깐 생각해야 해요. 어떤 타이틀 문구를 화면에 보여줄지 말이죠.

타이틀 명령어는 화면에 크게 띄우는 방식이기 때문에 긴 문장을 쓰면 안돼. 짧은 문장을 여러 개로 나눠야 하고 적당한 시간 간격을 두고 실행해줘야 읽을 수 있어. 잘 알고 있지?

네. 그럼 "어서들 오시오!", "좀비들이 온다네..", "연못에 무기를..", "숨겨뒀으니..", "낚싯대로 건지어..", "좀비들을 막아주게..". 여기서 가장 긴 문장을 아래 명령어로 테스트 해볼게요.

/title @a title {"text":"좀비들을 막아주게.."}

화면에 잘리지 않게 잘 나오는구나! 그대로 코딩하면 되겠다. 그런데 중간에 시간 지연을 위해 사용되는 중계기에도 주의할 점이 있지?

네, 방향이 있어요. 아래처럼 자신이 바라보는 방향으로 신호가 전달되죠! 그리고 전달되는 신호의 시간 지연은 마우스 우클릭을 해서 4단계로 설정할 수 있어요. 가장 긴 시간 지연으로 설정하고, 더 길게 지연하기 위해 중계기를 2개 이상 연결할 예정이에요.

맞아. 레드스톤은 전기회로의 원리를 공부하기 위해 적용되었기 때문에 전기적인 특징들을 가지고 있는데 중계기는 '다이오드' 같은 부품들처럼 한쪽으로만 레드스톤 신호를 전달하지.
그리고 버튼과 같은 신호 생성 블록으로 시작된 신호가 무한정 흐르지 않기 때문에 중간에 신호를 계속 이어서 전달해주는 기능도 가지고 있어. 그래서 이름이 중계기인 거지.

6개의 타이틀을 띄우기 위해 다음과 같이 6개의 명령어 블록들을 중계기와 함께 배치했어요.
보기 편하게 일직선으로 만들었지만 레드스톤 가루를 이용하면 원하는 형태로 바꿀 수도 있어요.

순서에 따라 해당 명령어들을 아래와 같이 모두 입력하고, 다시 시작 버튼을 눌러서 안내 타이틀이 잘 나오는지 확인해보자.

회로 신호를 직접 받을 땐 명령어 블록의 방향은 상관없어요.

1. title @a title {"text":"어서들 오시오!"}
2. title @a title {"text":"좀비들이 온다네."}
3. title @a title {"text":"연못에 무기를.."}
4. title @a title {"text":"숨겨뒀으니.."}
5. title @a title {"text":"낚싯대로 건지어.."}
6. title @a title {"text":"좀비들을 막아주게~"}

실행하여 모든 타이틀을 확인하세요.

다음은 낚시터 주인의 말처럼 우물에 무기들을 배치할 순서구나.
아래 명령어들을 이용해서 진행해보자. Item의 I(아이)처럼 중간에 대문자가
있는 것들도 눈 여겨 잘 보고…

7. summon minecraft:item 0 -59 0 {Item:{id:"minecraft:diamond_sword",Count:1b}}
8. summon minecraft:item 1 -59 0 {Item:{id:"minecraft:iron_sword",Count:1b}}
9. summon minecraft:item -1 -59 1 {Item:{id:"minecraft:golden_sword",Count:1b}}

타이틀이 끝나고 아이템들이 나타났어요.
다이아몬드 검을 먼저 가지기 위해 친구들끼리 싸우면 안될 텐데요.

이젠 좀비들을 생성해야 하는데 몇 마리나 생성할 거니?

좀비들이 걸어오는 길의 폭이 6칸이니 좀비도 6마리로 할게요.

일단 만들어서 플레이 해보고, 좀 더 난이도를 높여야 할 것 같으면 좀비의 수를 늘리는 것으로 하자. 다음과 같이 계속 만들어볼까?

```
10  summon minecraft:zombie 60 -57 0 {Rotation:[90f,0f],NoAI:1}
11  summon minecraft:zombie 60 -57 1 {Rotation:[90f,0f],NoAI:1}
12  summon minecraft:zombie 60 -57 2 {Rotation:[90f,0f],NoAI:1}
13  summon minecraft:zombie 60 -57 3 {Rotation:[90f,0f],NoAI:1}
14  summon minecraft:zombie 60 -57 4 {Rotation:[90f,0f],NoAI:1}
15  summon minecraft:zombie 60 -57 5 {Rotation:[90f,0f],NoAI:1}
```

드디어 2개의 순차문이 끝났구나! 실행해볼까?
다음 그림처럼 좀비의 길 가장 끝에 좀비들이 생성되면 제대로 된 거야.

잠깐 지섭아, 아직 코딩이 끝나지 않았잖아.

네, 알고 있어요. 그래도 무적 좀비인지 확인도 할 겸 잠시 놓아봤어요.

오호, 그렇구나! 명령어로 무적 코드를 넣진 않았지만 확인할 필요는 있지!
좀비에 문제가 없다면 이 좀비들을 움직이게 코딩해보자.

아깨 그림처럼 좀비들이 생성된 곳 아래에 명령어 블록을 하나 배치하고 설정 및 명령어를 입력하는 거야.

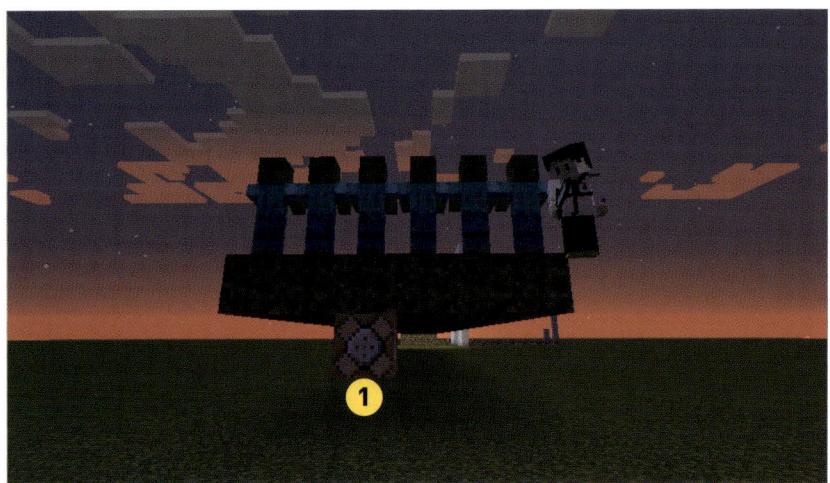

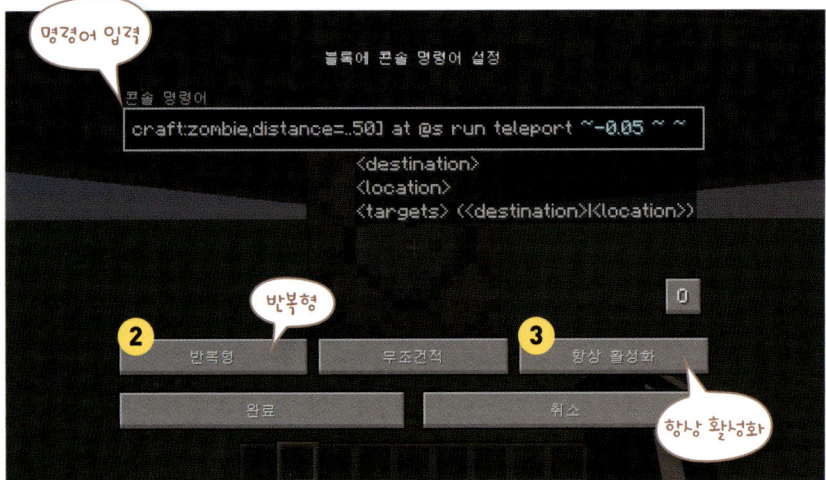

① execute as @e[type=minecraft:zombie,distance=..50] at @s run teleport ~-0.05 ~ ~

어, 좀비들이 마을 쪽으로 가고 있어요.

거기서 이 녀석들~

맞아. 하지만 입력한 명령어의 거리(distance)를 50으로 설정했기 때문에 좀비의 길 반대쪽 끝에 도착하면 멈출 거야.

그렇군요.
이젠 좀비들이 그곳에 도착하면 플레이어들이 실패한 것으로 처리하는 코딩만 하면 끝이에요.

잘 기억하고 있구나!
그럼 지금 좀비들이 멈춰있는 곳으로 같이 이동하자.
그곳에 좀비가 나타나면 그 신호를 감지해서 작동하는 회로를 만들어야 해.
여기서 '비교기'라는 준비물이 하나 더 필요하단다.
전자 부품 중에 트랜지스터와 같은 작동 특성을 가지고 있는 것인데, 앞서 현준이의 미니게임을 만들 때 사용했던 거야. 이것을 다음과 같이 배치해보자.

> ① execute positioned as @e[distance=..5,type=minecraft:zombie] run title @a title {"text":"실패!"}
> ② kill @e

그리고 위와 같이 명령어 블록에 각각의 명령어를 입력하면 된단다. 여기서 ①번 블록은 '5칸 안에 좀비가 있는가'를 감지하고, '실패'라는 타이틀을 실행하며, ②번 블록은 모든 개체를 제거하는 명령어이지.

 만약 좀비를 막지 못한다면, 아래와 같이 끝나게 된단다.

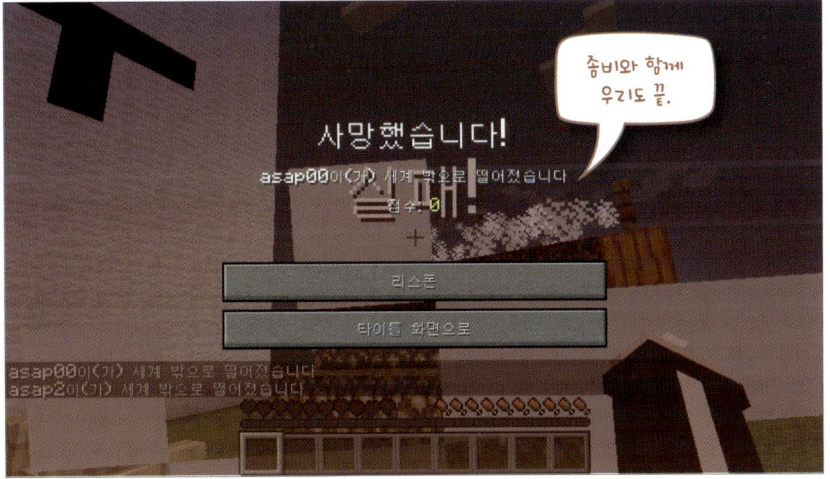

 **TIP**

어떤가요? 충분히 좀비들을 막을 수 있다면 이번엔 총 12마리가 되도록 좀비를 한 줄 더 소환해보세요. 그렇다면 조금 더 어려운 상태가 되면서 재미 또한 늘어날 것입니다.

업그레이드(Upgrade)
좀비 낚시터

이젠 미니게임을 즐길 시간입니다.

이 미니게임은 검술을 이용해 중요한 플레이를 연습하기에 좋아요. 마우스를 열심히 클릭한다고 공격이 잘되는 것이 아니에요. 적당한 시간 간격을 두고 휘둘쳐치기를 해야 해요. 그런데 열심히 연습하다 보면 가끔 좀비의 길에서 떨어질 때가 있어요. 그래서 저는 아래와 같이 벽을 만들었어요. 간단하지만 그래도 검술 연습에 집중할 수 있어서 좋아요.

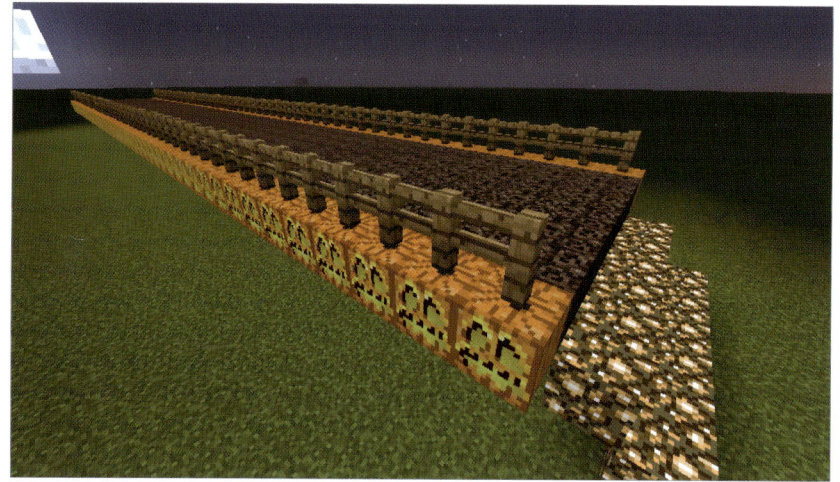

 **TIP**
여러분도 스스로 건축 활동을 진행해보세요.

더 재미있는 미니게임 코딩
플레이

건축을 할 때 블록들의 특성을 알고 있어야 합니다. 이번엔 순수 건축은 아니지만 특징이 있는 울타리 블록에 대해 알고 갈게요.

선생님.
마인크래프트를 하다 보면 렉인지 뭔지 모를 이상한 문제들이 생기는데요. 울타리에서의 낚시도 그래해요. 마우스 우클릭을 해서 아무리 낚시를 해도 아래 그림처럼 내가 지정한 곳으로 날아가지 않아요. 제 생각엔 울타리 블록의 특성 때문인 것 같아요. 울타리 블록을 우리가 점프해서 넘어가지 못하듯이 그 높이가 의외로 높은 블록이에요. 그래서 점프를 하면서 낚시를 해야 낚시가 잘 되는 것 같아요.
곰곰이 생각해보면 모든 상황을 이해해야 뛰어난 플레이 실력이 생긴다는 것이죠.

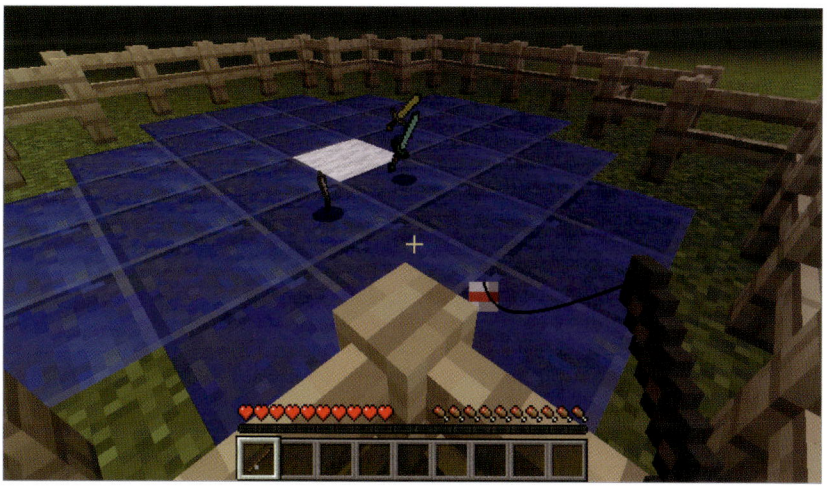

업그레이드(Upgrade)
좀비 낚시터

다음 미니게임이 나와야 하는데 다시 업그레이드를 하니 당황하셨나요?
다음 미니게임으로 넘어가기 전에 함께 공부할 것들이 있습니다. 그럼 지섭이의 설명을 들어볼까요?

친구들과 플레이를 하다 보니 문제가 하나 생겼어요. 좀비를 다 잡았는데 허무하게 그대로 끝나더라고요. 그래서 '성공 이벤트'를 넣고 싶어요. 저의 미니게임 뿐만 아니라 다른 미니게임에서도 시간을 설정하고 그에 따라 '성공이나 실패 이벤트'를 만들어야 하는 경우가 있는데 어떻게 해야 하나요?

맞아. 사실 앞에서도 이러한 부분에 대해서 추가 코딩이 필요하긴 했었지! 하지만 갑자기 어려운 기능이 생기면 안되기에 미루어왔던 기능이야.

어려운 걸 왜 저와 함께하시나요? 다른 형들과 하면 좋을 텐데요.

고학년이라고 코딩을 오랫동안 공부했거나 잘 하는 것은 아니란다. 너와 함께하는 이유는 너의 게임을 이용하면 '시간에 따른 이벤트 코딩'에 대한 설명과 이해가 쉽기 때문이야.

마인크래프트에서 시간을 이용하는 방법은 많아. 그중에 가장 많이 사용하는 것은 엔터티+스코어보드(scoreboard)를 이용하는 것인데 이것은 좀 더 복잡한 방법이지.
그다음으로 사용하는 방법은 엔터티의 위치만을 이용하는 방법이야. 바로 좀비 낚시터로 몰려오는 좀비처럼 말이지.

아하! 그럼 성공용 엔터티를 하나 더 만들고, 좀비와 같은 속도로 이동시키면 되겠군요!
선생님, 엔터티는 '닭'으로 해주세요. 새벽을 알리듯이 말이에요.

그거 좋겠다. 보통은 '갑옷 거치대'를 투명화 해서 사용하지만, 다른 친구들도 볼 수 있게 '닭'을 이용하자!
가장 먼저 게임을 하느라 너무 어두워졌는데, 친구들을 위해 아래 명령어를 실행해서 낮 시간으로 바꿔보자.
그리고 조형물 뒤에 있는 코딩 장소로 오거라.

/time set day

기존 코딩에 아래와 같이 중계기와 명령어 블록을 하나 더 배치하자.

방향 주의!

마우스 중간 클릭으로 옆에 있는 명령어 블록과 중계기를 '블록 복제'했어요.

그래 잘했다. 그리고 좀비 소환 명령어와 유사한 아래의 명령어를 입력해야 해. 처음 나온 속성 'Nogravity'는 중력 없음을 의미한단다. 엔터티가 공중에 떠 있게 해주는 거야.

```
summon minecraft:chicken 60 -43 -5 {Rotation:[90f,0f],NoAI:1,Nogravity:1}
```

그렇군요! 이번 명령어도 앞에서 'Tip'으로 배운 명령어 복사(Ctrl+C), 붙여넣기(Ctrl+V) 방법으로 쉽게 입력해볼게요.

108

이번에는 좀비들이 생성되는 곳으로 이동해보자. 그리고 아래 그림처럼 '블록 복제'를 해서 바로 옆에 배치하는 거야.

'새로운 닭 이동용'

'좀비 이동용'

이번에도 배운 걸 이용해야겠죠?
'Shift' + 'Ctrl' + '마우스 중클릭' 하면, 명령어 블록의 내용까지 복제돼요!

```
execute as @e[type=minecraft:chicken,distance=..50] at @s run teleport ~-0.05 ~ ~
```

그렇지. 이젠 새로운 '닭 이동용' 명령어 블록에 위 명령어를 입력해보자.
여기서 동생들을 위해 해줄 말이 있단다.
키보드를 아직 익히지 못한 친구들은 하나하나 타이핑 치는 것이 좋을 거야.
따로 타이핑 연습할 필요 없이 말이지.
그리고 명령어에 사용되는 단어들은 볼 때마다 한, 두 번씩 읽어봐. 알파벳 스펠링을 따로 외우지 말고 소리 나는 대로 보면서 읽는 것을 습관으로 하면 더 좋은 효과를 얻게 될 거야.

갑자기 공부하는 분위기네요? 다음은 어떤 걸 해야 하나요?
다음 코딩 알려주세요.

그래. 잠시 잔소리를 한 것 같구나.
다음은 아래의 그림과 같이 낚시터 조형물 위로 가보자. 그리고 순서와 방향에 주의해서 코딩을 하는 거야.

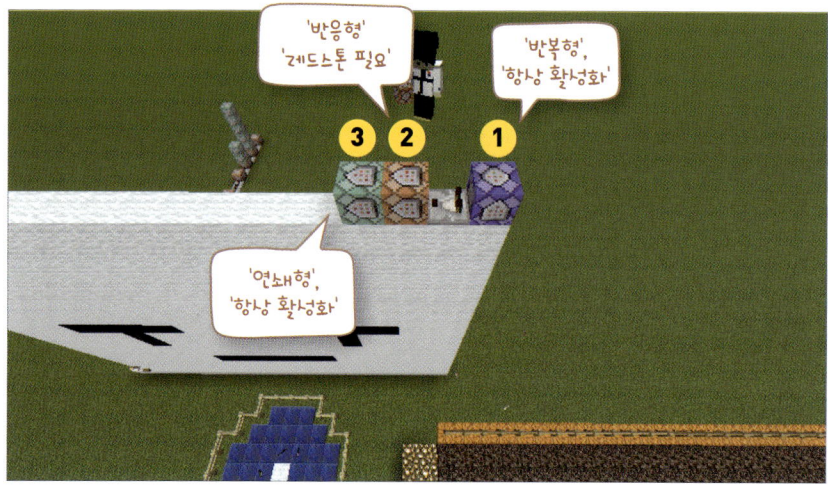

1. execute positioned as @e[distance=..5,type=minecraft:chicken] run title @a title {"text":"성공!"}
2. kill @e[type=minecraft:chicken]
3. time set day

이거 좀비의 길 끝에 있는 것들과 같은 구조네요!

 그렇지. 그럼 이제 잘 동작하는지 확인해볼까?
어서 가서 시작 버튼을 눌러보자.

건축

이번에는 꾸미기입니다. 실력이 갖춰진 친구들이라면 꾸미기도 잘해야 자신의 실력을 더 돋보이게 할 수 있죠.

친구들과 함께 파티클(입자:Particle)을 이용해 분수대를 꾸미고 싶어요. 아이템 낚시를 위해 물을 사용하지 않아 조금 어색하거든요. 파티클 연습용으로 딱 좋을 것 같아요.
그리고 게임 시작을 알리는 효과음을 넣을게요.
가장 먼저 아래 그림처럼 연못 중앙에 명령어 블록을 하나 배치해요. 분수를 만들 거니까 중앙에 배치하는 게 좋겠지만 친구들은 자유롭게 배치해도 괜찮아요.

다음은 안개의 명령어를 입력해요. 마인크래프트에는 많은 파티클이 있는데 이것은 떨어지는 물방울을 표현하죠.

particle minecraft:dripping_water ~ ~1 ~ 0 2 0 0 5

'~ ~1 ~'은 역시 X, Y, Z 좌표를 의미해요. 지금은 설명하기 편하게 명령어 블록을 연못 안에 넣었으니 명령어 블록 바로 위에서 실행한다는 의미예요.
다음 '0 2 0'은 지정된 위치에서 파티클들이 어느 방향으로 퍼지느냐를 지정해요. 그 다음 '0'은 속도인데요. 지금은 물방울이 그냥 아래로 떨어지는 거라 별 의미 없어요.
여기서 정말 중요한 것은 바로 '5'로 지정된 반복 횟수인데요. 채팅창을 통한 실행보다 명령어 블록을 통한 실행은 횟수를 아주 적게 넣어야 해요. 그렇지 않으면 컴퓨터가 다운될 수도 있죠. 그리고 '반복형', '항상 활성화'를 설정하고 완료해요.

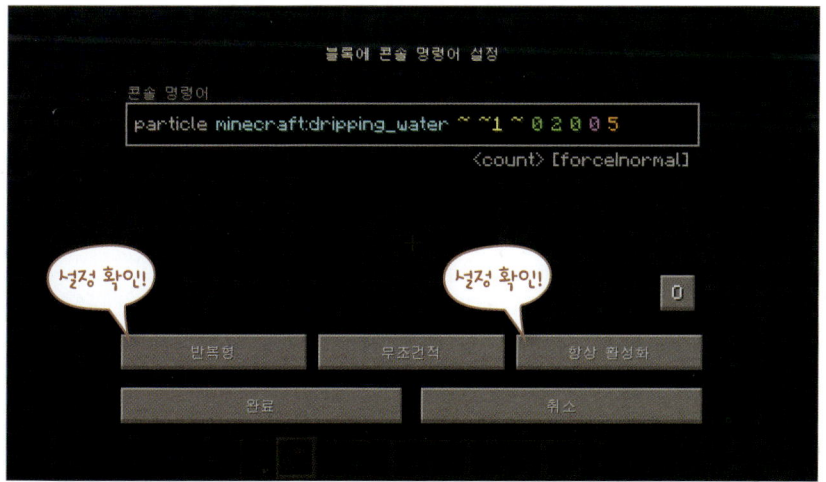

파란색 블록으로 연못의 바닥을 메우면 아래 그림처럼 돼요.

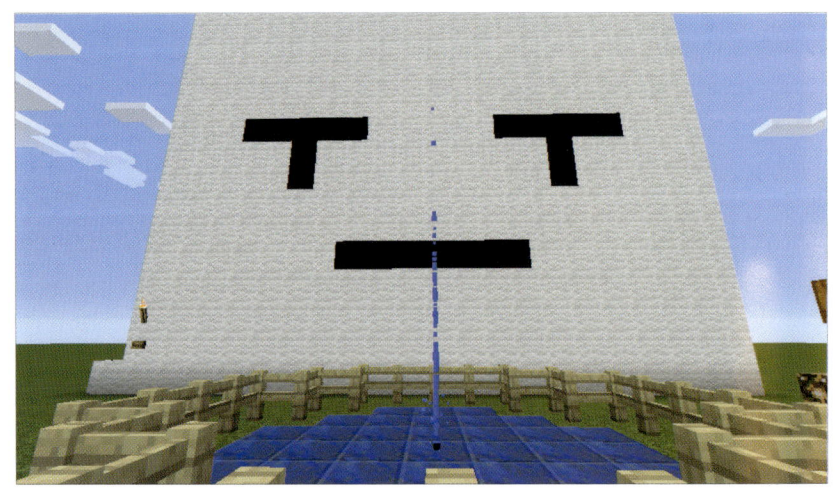

이번엔 튀는 물방울 들을 조금 만들어볼게요. 좀 전의 명령어 블록 바로 옆에 명령어 블록을 하나 더 배치해요.

명령어 블록을 코드까지 복제하여 배치하면, 배치하는 순간 또 하나의 물줄기가 나타납니다.

그리고 그 명령어 블록에 아래의 명령어를 입력해요.

```
particle minecraft:splash 0 -60 2 1.5 0 1.5 0 50
```

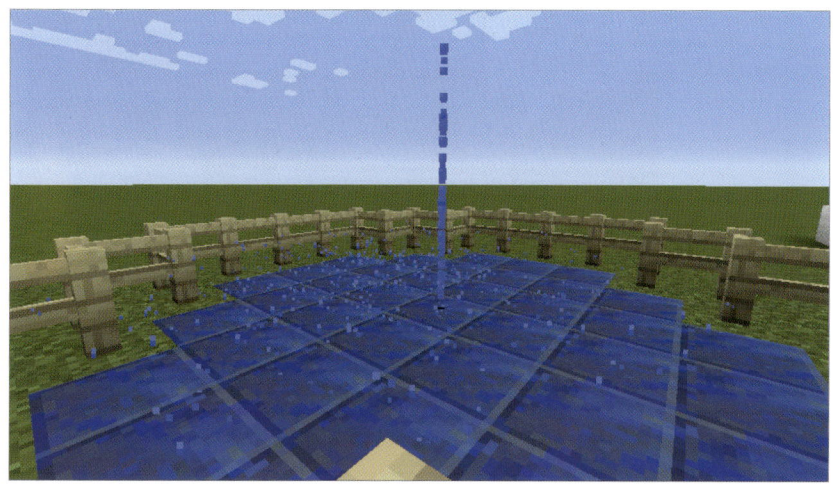

연못이 다르다면, 위 명령어의 '0 4 2' 좌표값을 조정해서 연못의 중앙을 중심으로 물방울들이 튀도록 조정해야 해요.

이 정도만 하고 다른 설명을 해보자.

네, 물안개를 조금 더 추가하고 싶지만 이 정도만 할게요.
다음은 효과음 넣기예요.

아래와 같이 시작 버튼 쪽에 있는 레드스톤 회로를 연결해서 명령어 블록을 하나 더 배치해요.

그리고 아래의 명령어를 명령어 블록에 입력하면 되는데요.
모든 사람을 대상으로 하고, 좀비가 온다는 걸 알리기 위해 좀비 소리를 넣었어요.
다음의 물결 3개는 위치 좌표이고 '100'은 볼륨 크기에요. 마지막 '1'은 피치라는 건데, 0에서 2사이로 넣어주야 해요.

```
playsound minecraft:entity.zombie.ambient ambient @a ~ ~ ~ 100 1
```

 TIP

여러분들도 자신의 미니게임에 이러한 꾸미기를 해보세요. 효과음과 파티클은 게임을 안내하거나 집중시키는 좋은 방법이 됩니다. 하지만 앞서 이야기한 것처럼 파티클을 너무 많이 생성하면 렉이 생기거나 컴퓨터가 다운될 수도 있으니 주의하세요.
연습용 세계를 만들어 충분히 연습해보는 것도 좋은 방법입니다.

더 재미있는 미니게임 코딩

명령어

지섭이와 함께 테스트를 하던 성재, 하람, 차희로부터 문제점에 대한 의견이 도착했습니다. 무슨 문제인지 들어볼까요?

제가 동생들로부터 들은 문제는 좀비를 공격하는데 친구나 동생도 공격을 받는다는 거예요. 이 말은 플레이어들끼리 싸울 수 없다는 말이죠.

드디어 디버깅을 위한 테스터들이 참여하는구나! 미니게임을 여러 명이 플레이 할 수 있도록 하려면 혼자 할 때보다 더 많은 것들을 준비해야 하지. 더우이 개발자는 내용을 다 알고 있고, 문제 있으면 바로 수정하면서 플레이 하기도 하는데 그건 정말 개발자만의 미니게임이 되는 거야. 그래서 이렇게 함께 테스트를 해주는 친구들이 꼭 필요하지. 어른들에게도 개발 못지 않게 테스트와 디버깅이 중요하거든.
아무튼 이 문제를 해결해볼까?

네, 알겠어요!
이 문제는 스코어보드 명령어를 이용해서 해결해볼게요.

우연: 가장 먼저 스코어보드 오브젝트(목표)를 하나 만들어야 해요. 좀비를 잡은 점수를 표시하고 싶지만, 또 의미 없이 경쟁하면 안 되니까 설명에 필요한 오브젝트 하나만 만들게요. 아래와 같이 더미(dummy) 오브젝트를 만들어요.

```
/scoreboard objectives add EasyServerMaster dummy
```

여기서 'EasyServerMaster'는 개발자 지섭이의 아이디(닉네임)인데요. 다른 친구들은 원하는 단어로 편하게 넣어주면 돼요.

그리고 아래 명령어로 기존 스코어보드의 오브젝트를 확인해 볼 수도 있어요.

```
/scoreboard objectives list
```

이번엔 이것을 사이드바(화면 측면)에 표시할 텐데요.
사실 지금까지는 화면에 표시하고 확인을 시켜주기 위해서 하는 작업이에요.
아래의 명령어를 실행하고 계속 설명할게요.

/scoreboard objectives setdisplay sidebar EasyServerMaster

우연: 이제부터는 진짜 플레이어들끼리 싸우지 않게 공격을 막는 명령어들이에요. 팀 관리를 위해 아래 명령어를 실행해요.

```
/team add Friend
```

새로운 팀 추가

이제 아래의 명령어를 실행하면 되는데요. 'friendlyfire' 설정을 끄면(false) 같은 팀의 플레이어들은 공격할 수 없게 됩니다.

```
/team modify Friend friendlyFire false
```

추가로 아래의 명령어를 실행해서 팀의 색을 파란색으로 지정해볼게요.

```
/team modify Friend color blue
```

우연: 마지막으로 준섭이가 만들어둔 명령어 블록 옆에 하나를 더 추가해요.

그리고 새로운 명령어 블록에 아래의 명령어를 입력하면 끝나요.

```
team join Friend @a
```

실행은 가능하지만 한 가지 설명할게 있어요.
앞서 잠시 말한 것처럼 스코어보드의 오브젝트는 쉽게 설명을 하기 위해 추가로 작업한 것인데요. 이것을 이용해서 팀 코딩이 잘 되었는지 확인할 거예요.
아래 명령어를 실행해볼게요.

```
/scoreboard players set @a EasyServerMaster 1
```

 우연: 그러면 현재 세계에 들어와 있는 모든 사람들의 아이디가 화면 옆에 나타나요. 그리고 아이디의 색들은 모두 흰색인데, 시작 버튼을 누르면 파란색으로 바뀌죠!

3.2 지민이의 달리기

여기까지 진행되었다면 이젠 어떤 명령어와 코딩을 배울까에 대해 함께 생각해봐야 합니다. 반복적인 내용의 미니게임은 쉽긴 하겠지만 여러분의 소중한 시간을 낭비하게 만드니까요. 반대로 갑자기 너무 어렵게 진행된다면 코딩 공부가 싫어지게 될 겁니다. 그래서 지민이와 함께 마지막 미니게임을 준비하는 마음으로 좌표 공부를 시작해보겠습니다. 다른 사람들이 좌표 공부 하는 것을 보고 이지섭 학생이 이러 이러한 미니게임을 만들어 달라고 했는데요. 이것을 만들며 함께 공부해봅시다.

그럼 이제부터 좌표 공부를 열심히 하고 있는 한지민 학생과 함께 달리기 미니게임을 만들어보겠습니다.

캐릭터 소개

초등학교 5학년 한지민
마인크래프트로 코딩 공부한 지 1년이 되었습니다. 스스로 건축을 하며, 기본적인 명령어를 사용할 수 있습니다. 플레이 능력이 우수하고, 이지섭 학생의 기획안을 바탕으로 선생님과 함께 달리기 미니게임을 만들었습니다.

앞서 소개를 못한 테스터들을 소개합니다.

임성재, 문차희, 연하람 학생들은 순수하고 공정한 플레이 결과를 알려줍니다. 마인크래프트 가상 공간(좌표)을 이해하고 미니게임 플레이를 할 수 있는 테스터들입니다. 그리고 특별히 중학생 플레이어가 참여했습니다. 바로 문주언 학생인데요. 플레이가 가능한지 불가능한지를 평가해주는 역할을 담당하고 있습니다. 예를 들어 점프 맵을 어렵게 만들었는데 성공 가능한 칸 수인지 아닌지를 구분해 주는 것이죠. 간단한 인사말로 소개를 마치겠습니다.

안녕하세요. 임성재입니다.
모든 미니게임 진행은 제가 리드합니다. 개발자의 마음을 이해하면 길이 보이죠!

안녕하세요. 문차희입니다.
개발자도 못하는 미니게임을 만들어 놓고 재미있게 플레이 하길 바라지 마세요.

안녕하세요. 연하람입니다.
못하는 건 창피한 게 아닙니다. 포기만 안 하면 언젠간 실력자가 되니까요. 그렇죠? 아하하하.

안녕하세요. 문주언입니다.
제가 비초등생 대표로 나왔군요. 중고등생용 코딩 책에서 다시 만나요!

이번에도 마찬가지로 완전한 평지로 새로운 세계를 만들고 아래의 환경설정을 순서대로 진행해봅니다.

```
/gamerule commandBlockOutput false
/gamerule doMobSpawning false
/difficulty easy
```

고학년이 되어 코딩 공부를 시작하면 창의적인 능력보다는 학습적인 능력이 눈에 띄게 됩니다. 그래도 '늦었다고 생각할 때가 가장 빠른 때'라는 말이 있듯이 창의적인 생각을 키우기 위해 쉼없이 노력하는 것이 중요합니다. 바로 지민이처럼 공간에 대한 이해를 위해서 말이죠.

안녕하세요. 한지민입니다.
저는 게임 플레이를 좋아하지만 마인크래프트를 통해 공간좌표를 알게 되었죠.

그래. 너의 공간 좌표에 대한 실력을 보여줄 차례구나!
지정 건축을 멋지게 만드는 것부터 시작해보자. 문제를 풀 듯이 진행해보는 것이 어떨까?

네, 좋아요.
코딩 문제를 풀어 가는 것 자체가 게임을 하는 것처럼 재미있으니까요.

문제

미니게임 경기장으로 사용할 공간을 만드세요. 단, 속이 빈 정육면체여야 합니다. 설명과 이해가 편하도록 중심의 좌표는 250, 143, 750으로 하고, 명령어 하나로 최대한 크게 만드세요.

fill 명령어를 사용하자는 말이군요. 우연이나 준섭이가 사용하는 것을 많이 봤죠. 물론 저도 할 수 있지만 선생님이 옆에서 같이 봐주세요.

물론이지! 지민이도 여러 번 해봤던 명령어니까 잘할 거야. 중요한 것은 명령어를 외우고 있느냐가 아니라 좌표를 이해하고 잘 사용할 수 있느냐란다. 아래 명령어를 참고해서 좌표를 수정해보자.

/fill 좌표1(x,y,z) 좌표2(x,y,z) minecraft:블록이름 hollow

그렇군요. 뒤에 hollow(껍질, 속이 비게 하다)를 잊을 뻔 했어요.
자, 그럼 중심 좌표를 기준으로 만드는 것이니 제가 직접 중심 좌표로 이동하는 방법이 좋겠군요!
일단 하늘로 날아오른 후 [F3]을 눌러 좌표를 보면서 아래 명령어로 이동부터 해요.

/tp 250 36 750

이제 저를 기준으로 상대좌표값을 넣어서 실행해볼게요.
아래와 같이 말이죠.

```
/fill ~-50 ~-50 ~-50 ~50 ~50 ~50 minecraft:sea_lantern hollow
```

32,768개의 블록보다 적어야 합니다.

좌표들의 방향은 맞는데 크기를 너무 크게 넣었구나?

한 번에 처리할 수 있는 블록의 한계가 있다고 알고 있었지만, 생각했던 것 보다 너무 큰 차이가 나네요.
이제 크기를 줄여나가 볼게요. 너무 확 줄이면 '최대한 큰 정육면체로 만들어야 한다'는 조건을 맞추지 못하니까 조금씩 줄여나가는 게 중요한 거 같아요.

결국 아래와 같이 좌푯값을 줄여서 완성했어요.

/fill ~-15 ~-15 ~-15 ~15 ~15 ~15 minecraft:sea_lantern hollow

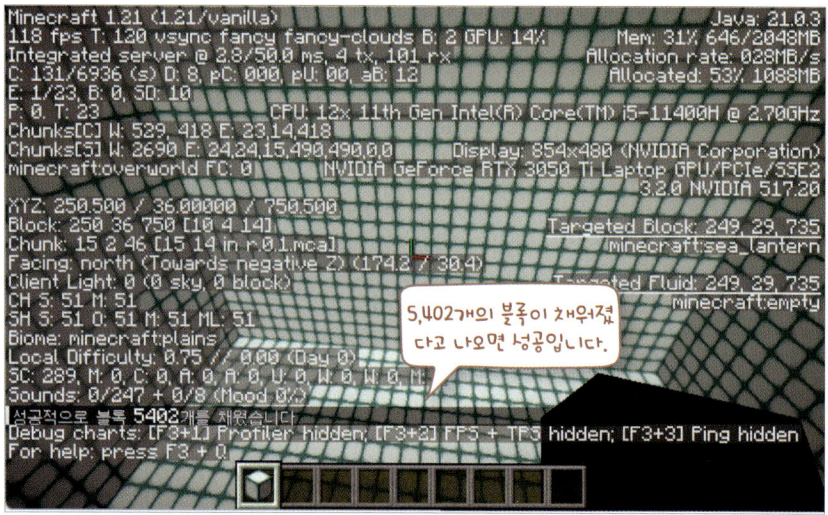

5,402개의 블록이 채워졌다고 나오면 성공입니다.

그런데 채워진 블록이 32,768보다 훨씬 적네요?

hollow 형태로 채웠기 때문에 실제 채워진 블록은 껍질에 해당하는 5,402개가 맞아.

아하, 그렇군요!
이젠 밖으로 나가서 어느 정도의 크기인지 살펴보고 싶어요.

이 정도면 상당한 크기네요!

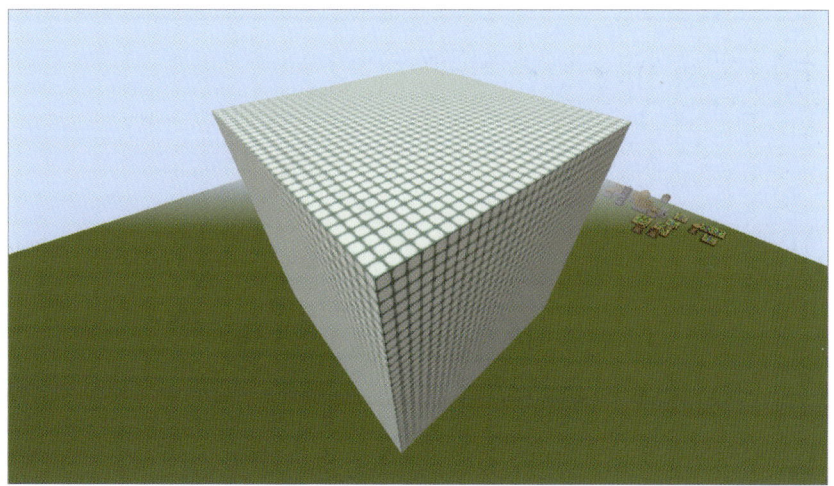

땅에서 올려다 본 모습

맞아. 하지만 지금은 이보다 훨씬 더 큰 규모의 경기장을 만들려고 해. 그래야 공간에 대한 이해도 커지니까. 다음 문제를 풀어보자.

 **문제**

앞에서 만든 정육면체를 중심으로 두고 땅에서부터 높이 36까지의 'ㄷ'자 모양의 벽을 만드세요.
단, 모든 벽의 두께는 블록 한 칸이며 가로와 세로의 폭은 100칸이 되도록 만드세요.

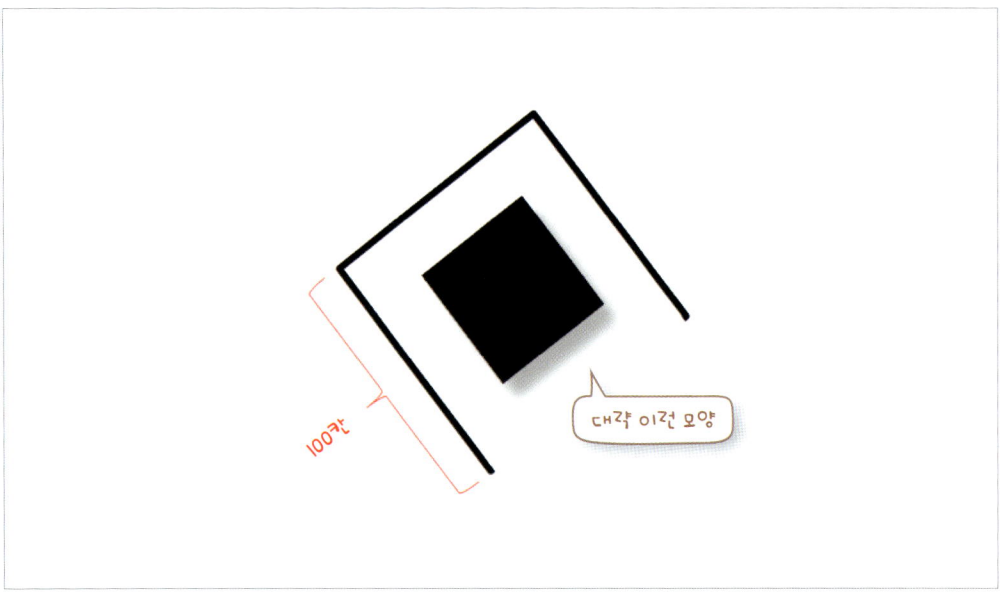

 잠시 생각 좀 해볼게요.
흠. 중심이 250, Y, 750이니까 X축은 200부터 299까지로 보면 되겠네요.
Y축은 땅부터니까 -60부터 36까지이고, Z축은 700부터 799까지로 하면 되겠어요.

 블록은 다른 친구들이 보고 이해하기 쉽게 유리 블록을 이용하면 좋겠다. 색을 바꾸면서 말이지.

```
/fill 200 -60 700 299 36 700 minecraft:yellow_stained_glass
/fill 200 -60 799 299 36 799 minecraft:light_blue_stained_glass
/fill 299 -60 700 299 36 799 minecraft:magenta_stained_glass
```

앞의 명령어를 실행해서 다음과 같이 만들었어요.

잘했다. 이 정도만 해도 공간 좌표를 생각할 줄 안다는 거니까 다음은 미니게임 달리기 경주 상태로 만들어보자.

이번에도 문제 형식으로 말해주시면 어떨까요?

네가 그 방식이 좋다면 그렇게 하자. 이번 문제는 지섭이의 문제라고 봐도 좋겠구나. 형들이 만드는 이러한 구조물을 보고 그 위를 달리는 미니게임을 만들어 달라고 했거든. 그럼 문제를 내볼까?

문제

양쪽의 벽 끝에서 두 팀이 각각 출발하여 서로의 시작지점에 있는 버튼을 누가 먼저 누르는지를 겨루는 미니게임을 만드세요.

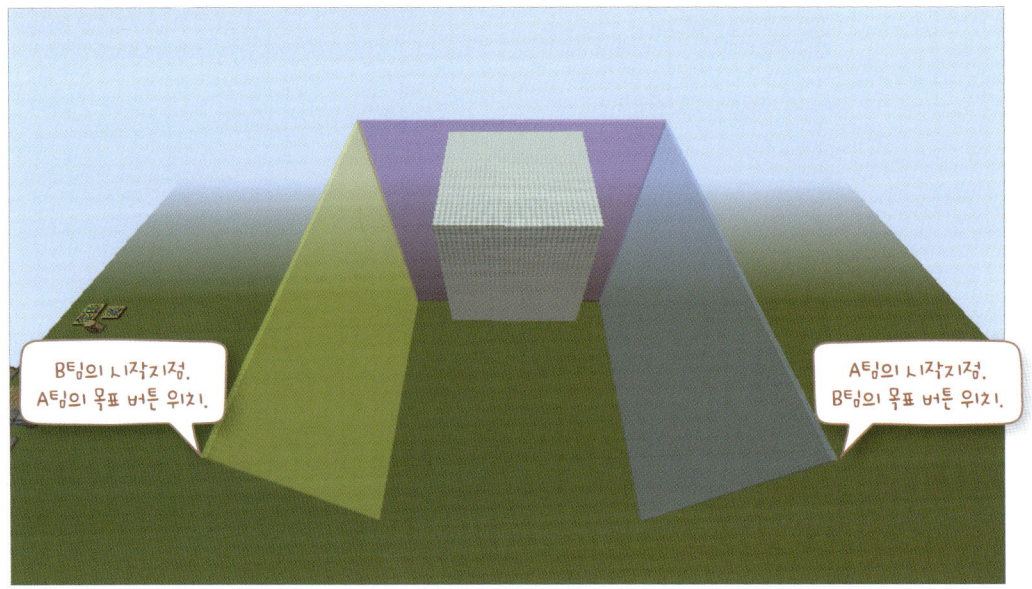

문제가 있으니 흐름도는 생각해도 되겠어요!
대신 어떻게 하면 재미있을지를 생각해봐야겠네요.
일단 다음 그림처럼 시작지점으로 갈 수 있는 사다리를 만들어볼게요.

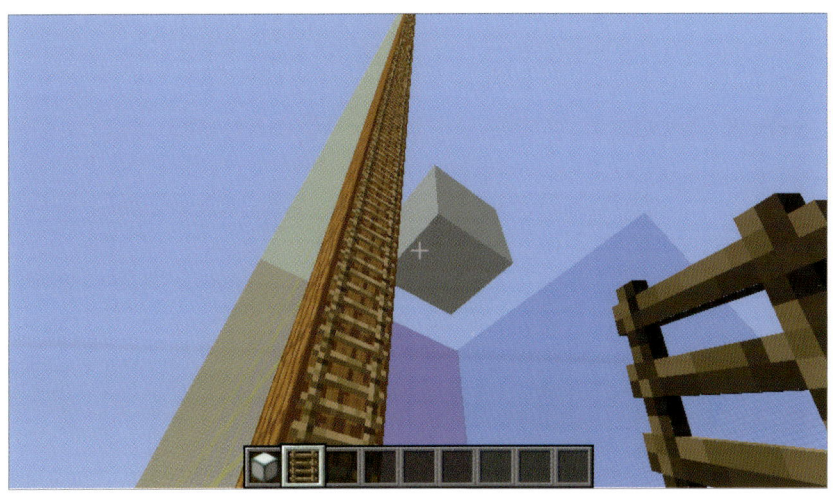

잠시만요, 선생님. 저 높은 사다리를 어떻게 올라가요? 지루하고 손가락도 아플 것 같아요. 이건 오빠들이나 재미있게 할 것 같은데요.

 TIP

차희의 등장에 대해 알려드릴 것이 있습니다. 갑작스런 등장에 놀라셨나요? 본래는 지민이가 만든 다음 테스터들이 테스트하고 수정해나가는 방법으로 진행되었지만, 책의 페이지를 최소화하기 위해 바로 수정하는 형태로 바꾸어 구성했습니다. 미니게임 내용 또한 단순화 시킨 상태죠. 혼자만의 생각만 고집하면 실력이 늘지 않습니다. 여러분들도 친구들의 의견을 반영하도록 노력해보세요.

그래. 막상 저 높은 곳을 사다리로 올라가려면 정말 재미없는 시간이 될 것 같구나.
전체 플레이를 위해 시작지점으로 가는 시간을 지연시키고 싶은 거였지? 그럼 아래 명령어로 천천히 올라가게 하면 어떨까? 명령어 블록을 '반복형', '항상 활성화' 상태로 설정하고 입력해보자.

effect give @a[distance=..5] minecraft:levitation 55 1

공중부양이군요!
경기장이 커서 시작을 바로 바로 하면 게임이 끝나질 않아요. 그래서 시작지점 부분에 시간 지연이 필요했는데 이거면 되겠어요.

그럼 반대쪽도 똑같이 설치하자. 55초로 설정되었는데 부족하면 조금 늘려도 좋아. 하지만 너무 많은 시간을 준다면 다른 곳으로 날아가 버릴 수도 있으니 최대한 딱 맞게 설정하는 것이 좋을 것 같다.

이번엔 두 시작지점에 있어야 하는 반대 팀의 성공 버튼을 만들게요.
일단 다음 그림처럼 명령어 블록과 버튼을 달아요.

반대쪽도 설치

그리고 아래 명령어를 입력해요.

title @a title {"text":"A팀승리","color":"yellow"}

반대쪽은 파란색 유리 벽이니까 아래 명령어처럼 파란색 타이틀을 띄우는 것이 좋겠어요.
여기까지 만들고 테스트와 업그레이드는 다른 친구들에게 맡길게요.
아직 코딩 공부가 부족하거든요.

title @a title {"text":"B팀승리","color":"blue"}

그래, 지민아. 코딩 공부는 급하게 하는 게 아니니까 천천히 하기로 하자. 하지만 좌표 공부는 빨리하면 할수록 좋은거야. 다행히 지민이는 좌표를 어느 정도 잘 이해하고 있구나! 좌표 공부는 자전거 배우는 것과 비슷하거든 어릴수록 이해가 빠르고 한 번 이해해두면 언젠가 도움이 많이 된단다.

선생님, 제가 동생들이랑 테스트를 해봤는데요. 시작할 때 공정성이 없어요. 시작 부분에 대한 코딩이 먼저 필요해요.

그리고 중간에 떨어지면 이상한 곳에서 리스폰 되는데요?

A팀이 승리했다고 해도 B팀이 가서 또 버튼을 누르면 B팀이 승리한 것으로 나와요. 끝나는 부분의 코딩도 해주세요.

 TIP

여러 명이 플레이하는 미니게임을 만들면 코딩 실력과 무관하게 여러 문제가 발생합니다. 혼자서는 테스트를 해볼 수가 없으니까요.
친구들과 미니게임을 즐기는 것도 좋지만 여러 명이 서로의 의견을 주고받으며 미니게임을 만드는 연습을 많이 해보세요. 토론 말고 토의를 하면서 말이죠.

업그레이드(Upgrade)
달리기 경주

준섭이가 테스터들의 의견을 반영하여 부족한 부분들에 대한 업그레이드를 진행해보겠습니다.

가장 먼저 이 세계에 처음 들어오는 친구들도 있을 테니 월드 스폰을 설정해 놓을게요. 바로 중심에 떠있는 정육면체 건물 윗면에서요.

```
/setworldspawn ~ ~ ~
```

위 명령어의 물결(상대좌표)은 제가 직접 그곳에 가서 실행했기 때문에 의미가 있어요. 직접 안 갈 때는 X, Y, Z 좌푯값을 넣어줘야 되고요.

이곳에 와서 실행할 땐 상대좌표를 사용하면 쉬워요.

다른 사람들이 서버에 들어올 때 게임 모두가 모험이 되도록 설정하여 랜 서버를 열어요. 그리고 눈에 잘 보이는 곳에 명령어 블록을 하나 둡니다. 게임 시작용이니 '시작' 문구의 표지판과 버튼을 달게요.

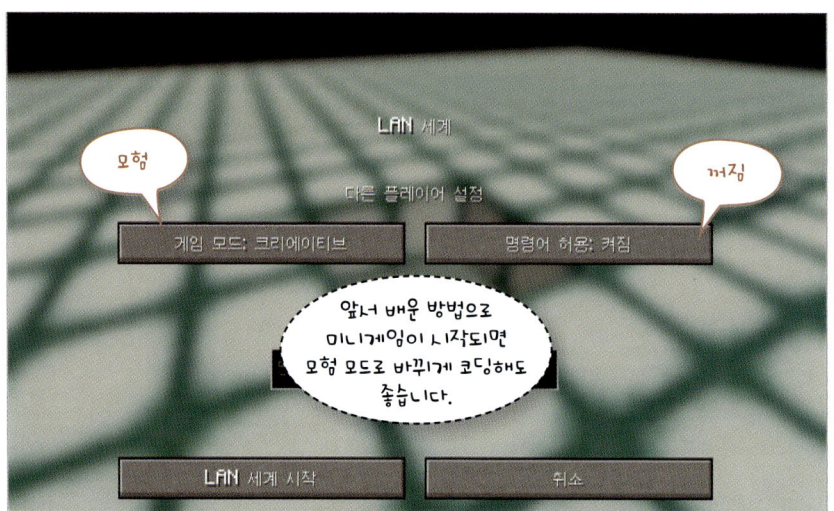

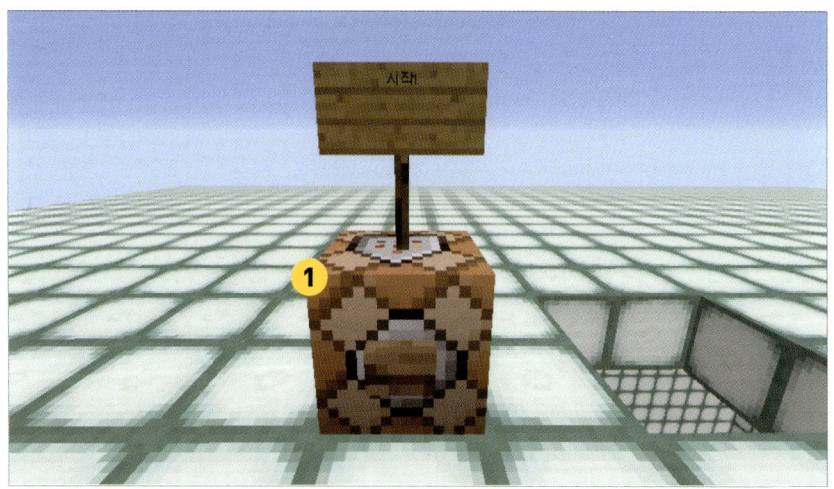

배치한 명령어 블록에 아래의 명령어를 입력해요. 정육면체 안으로 이동하는 명령어예요.
세계 내의 모든 플레이어를 이동시키고, 이동시킴과 동시에 미니게임이 시작되는 방식인데 타이틀로 안내해주면 좋겠지만 이번엔 생략할게요.

1. tp @a 253 23 750

정육면체 안으로 들어가서 아래와 같이 2개의 명령어 블록을 배치하고 각각에 해당하는 명령어를 입력해요.
파란색 배경은 A팀으로 이동하는 명령어를 넣고, 노란색 배경은 B팀으로 이동하는 명령어를 넣어요.

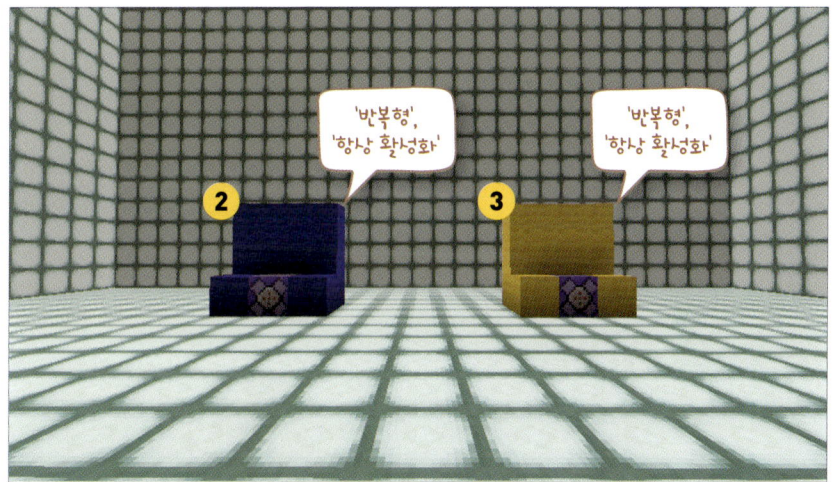

2. tp @a[distance=..2] 198 -59 791
3. tp @a[distance=..2] 198 -59 709

물론 저는 해당 좌표를 미리 확인해 놓고 채팅창에 기록해 놓은 상태에서 진행해요. 하지만 책을 보는 친구 중에 지민이와 똑같은 좌표를 이용해 건축하지 않을 경우, 각 지점의 좌표를 먼저 확인하고 입력해야 해요.
잘 작동하는지 테스트해볼게요. 바닥에 양털 블록으로 표시도 하고요.

이어서 지민이가 만들어 놓은 공중부양 장치로 가면 시작지점으로 올라가게 되는데요. 올라간 후 떨어지면 또 다른 곳에서 리스폰 되니까 스폰 지점을 설정해주는 명령어 블록을 아래 그림처럼 각 팀의 순간 이동 장소에 하나씩 배치해야 해요. 그리고 명령어를 입력한 후 '반복형', '항상 활성화'로 설정해요.

4 `spawnpoint @a[distance=..3] ~ ~1 ~`

이젠 팀별로 리스폰 지점이 다르게 진행될 거예요.
마지막으로 성공 버튼 부분에 명령어 블록을 하나씩 추가할게요.

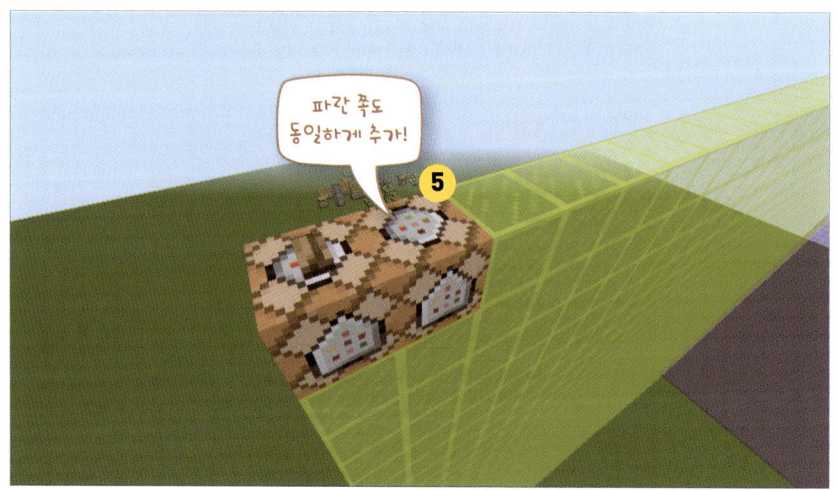

> 버튼의 레드스톤 신호는 바로 옆 블록까지 영향을 줘요.
> 그래서 앞의 그림처럼 바로 옆에 명령어 블록을 추가할 땐 방향을 맞춰 연쇄형으로 설정할 필요가 없어요. 해당 명령어 블록에 아래의 명령어를 입력해요.

5. tp @a 253 53 750

> 물론 이번 좌표도 제가 미리 월드 스폰을 지정했던 그곳의 좌표를 미리 복사해뒀다가 붙여넣기 했어요.
> 마지막으로 잊지 말고 파란색 쪽도 동일한 위치, 동일한 명령어를 입력한 명령어 블록을 배치하면 끝나요.
> 그런데 선생님은 어디 계시죠?

> 흠. 미안하다. 네가 혼자서도 잘할 거라 믿고, 잠시 다음 미니게임을 위해 스피곳(spigot) 서버를 세팅하고 있었다. 물론 이 책에선 스피곳 서버를 설명하진 않지만, 여러 명이 테스트하려면 서버를 따로 운용하는 게 좋거든.
> 어디 잘 되었나 버튼을 눌러볼까?

 잘 되는구나! 이제 다시 플레이해보자.

 제가 동생들과 테스트 해볼게요.

더 재미있는 미니게임 코딩
명령어

보다 재미있는 게임을 위해 우연이와 함께 몇 가지 명령어들을 실행해보세요. 그리고 길고 긴 달리기 코스에 재미를 더하는 효과(effect)를 넣어볼까요?

우선 팀 관리를 하는 것이 좋을 것 같아요.
2개의 팀을 따로 설정해야 하고 코딩도 추가해야 해요.

잠깐 우연아. 이번 미니게임은 앞에서 지민이 와도 얘기했지만, 다음 마지막 미니게임을 준비하는 마음으로 진행하고 있거든. 그런데 팀 관리까지 하면 너무 설명이 길어질 것 같다. 그러니 이번엔 간단히 서로 싸우지만 못하게 설정하는 것으로 하자. 순수한 달리기 경주가 되도록 말이지.

네, 알겠어요! 그럼 앞서 사용했던 스코어 보드를 이용한 팀 설정 명령어를 아래와 같이 설정해요.

```
/team add RUN
/team modify RUN friendlyFire false
/team modify RUN color green
```

앞에서 나왔었지만, 지금은 스코어보드를 설명하는 것이 아니기 때문에 꼭 필요한 명령어만 사용할 거예요. 'RUN'이라는 이름의 팀을 만들고, 서로 공격하지 못하게 설정했어요. 색상은 안 해도 되지만, 갑자기 난입한 다른 누군가와 구분이 되면 더 좋을 것 같아서 추가했어요.

우연: 이제 준섭이가 만든 시작 버튼 옆에 명령어 블록을 하나 더 추가해요. 이 또한 준섭이의 설명처럼 별도의 설정이 필요 없어요. 버튼의 신호가 함께 공급되니까요. 그리고 명령어를 입력하면 시작 버튼을 누르는 순간 한 팀이 되는 거죠!

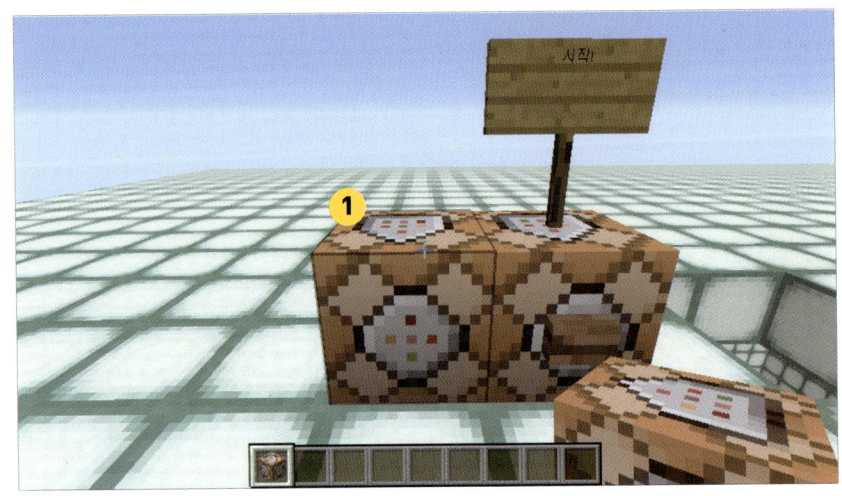

1. team join RUN @a

선생님: 다음은 달리기가 조금 지루한 것 같은데 재미를 더하기 위한 기능을 추가해 볼까?

우연: 네, 그런데 어떤 걸 이용할까요? 빨리 달리기가 좋겠죠?

선생님: 그래. 점프 효과도 넣어주는 게 어떨까?
중간 지점에 3개의 명령어 블록을 배치해서 가운데는 빨리 달리기, 양쪽엔 점프 효과를 넣어보자.

명령어 블록을 중간 벽에 아래처럼 배치해요. 그리고 명령어를 입력하고 '반복형', '항상 활성화'로 설정하면 끝입니다.
참고로 점프 효과를 너무 크게 입력하면 오히려 효과가 없어져요.

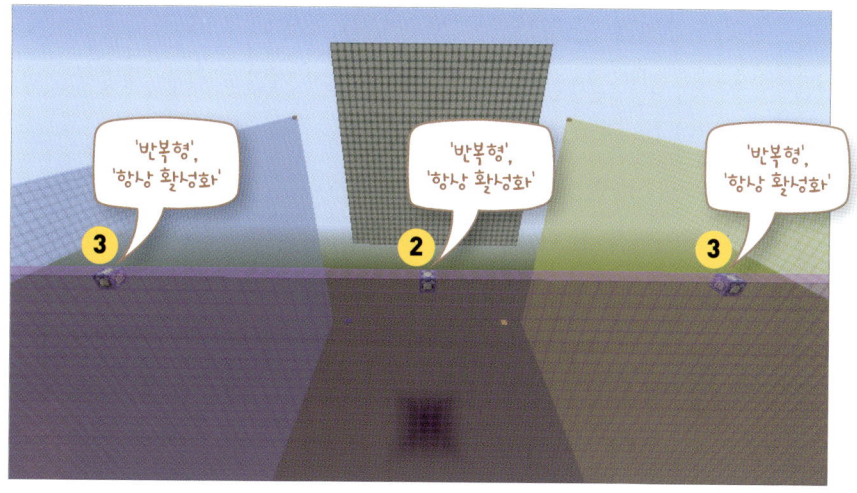

② `effect give @a[distance=..2] minecraft:speed 20 10`
③ `effect give @a[distance=..2] minecraft:jump_boost 10 5`

 TIP

여러분들도 이와 같은 방법으로 좀 더 신나고 스릴 있게 달리기 게임을 만들어보세요. 계속 테스트 해보고 생각해보세요. 꼭 컴퓨터 앞에서만 코딩 공부 하는 것이 아닙니다. 컴퓨터를 끄고 산책을 하거나 공원에 모여 앉아, 함께 얘기하고 생각하는 시간이 모두 코딩 공부하는 시간이죠. 생각이 어느 정도 논리적으로 정리되면 컴퓨터 앞으로 가세요. 코딩 공부하는 목적 중 하나가 바로 '논리적으로 생각을 정리하는 능력 키우기'이기도 합니다.

3.3 민건이와 고학년이 함께하는 복합 경기 미니게임

지금까지 코딩 공부를 위한 다양한 미니게임을 조금씩 난이도를 높이면서 진행했고, 혼자 손쉽게 개발할 수 있는 것들부터 함께 개발해야 할 정도로 작업량이 많은 미니게임까지 만들어 가고 있습니다. 이번 미니게임이야말로 혼자 개발하는 것보다 여러 명이 함께 개발하면 더 큰 효과를 볼 수 있을 것 같군요. 하지만 주의할 것은 한 부분에 여럿이 모여 있으면 사소한 다툼이 생기기도 합니다. 서로의 생각과 방법이 다를 수 있으니까요. 그래서 영역을 잘 나누어 담당을 지정해줘야만 하는데요. 이런저런 설명을 하기에 괜찮은 미니게임을 우연이와 지섭이가 기획해봤습니다.

그럼 이제부터 친절한 안내자 김민건 학생과 함께 복합 경기 미니게임을 만들어 보겠습니다.

캐릭터 소개

초등학교 6학년 김민건
마인크래프트로 코딩 공부한 지 2년이 되었습니다. 스스로 건축은 물론이고, 기본적인 명령어들을 충분히 숙지하고 있죠. 코딩 공부를 하며 수학적인 지식의 필요성을 느끼고 있습니다. 노우연, 이지섭 학생의 기획안을 바탕으로 선생님과 함께 미니게임을 만들었습니다.

이번에는 새로워진 물의 세계를 가까이 하기 위해 바다 위에서 만들어보겠습니다.

안녕하세요. 김민건입니다.
제가 중학교 입학식을 했어요. 교복이 정말 마음에 드네요.

그렇구나! 정말 멋지다. 형의 마음으로 지금부터 만들 미니게임을 설명해볼까?

그런데요. 일반 오버월드에서 바다를 찾아서 만드는 것이 저에겐 쉽고 편하지만 좌표를 모르는 동생들은 어려울 것 같아요. 설명하기도 쉽지 않고요.

맞아. 그래서 물의 세계를 만드는 것이 좋을 것 같다. 다음과 같이 말이지.

1. 게임 모드를 크리에이티브로 설정하는 것을 잊지 말고, 상단 탭 '세계'를 선택합니다.

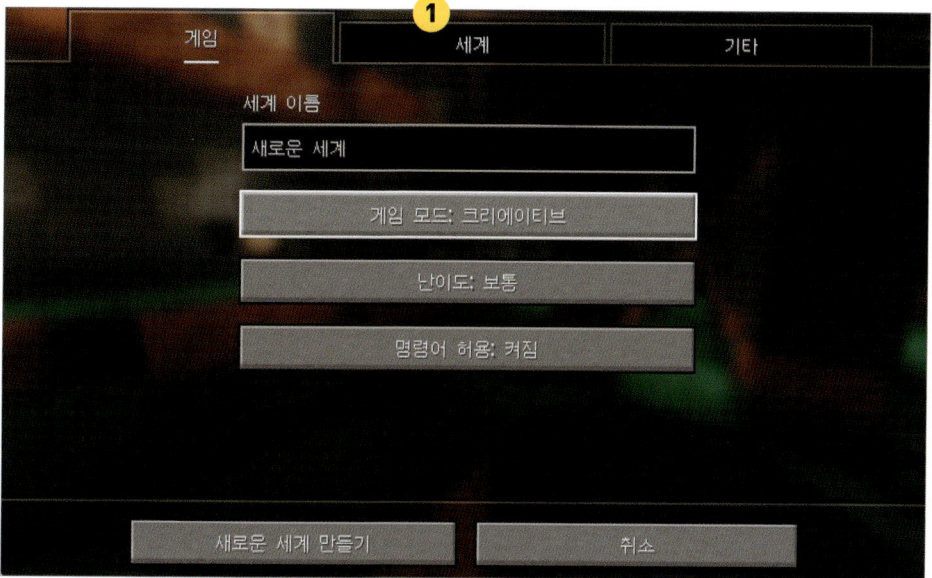

2 여러 번 클릭하여 '세계 유형 : 완전한 평지'로 설정합니다.

3 그 다음 '사용자 지정'을 클릭합니다.

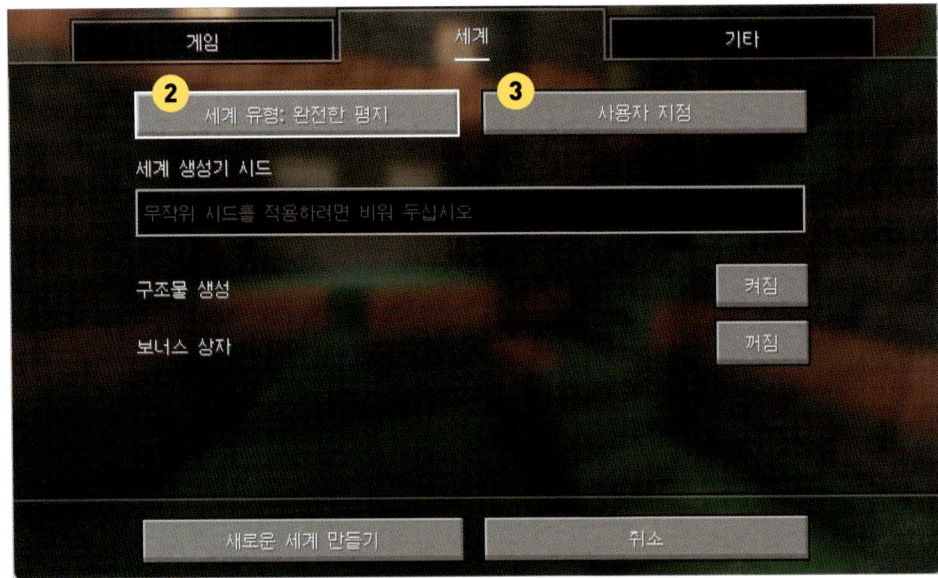

4 '사전 설정'을 클릭합니다.

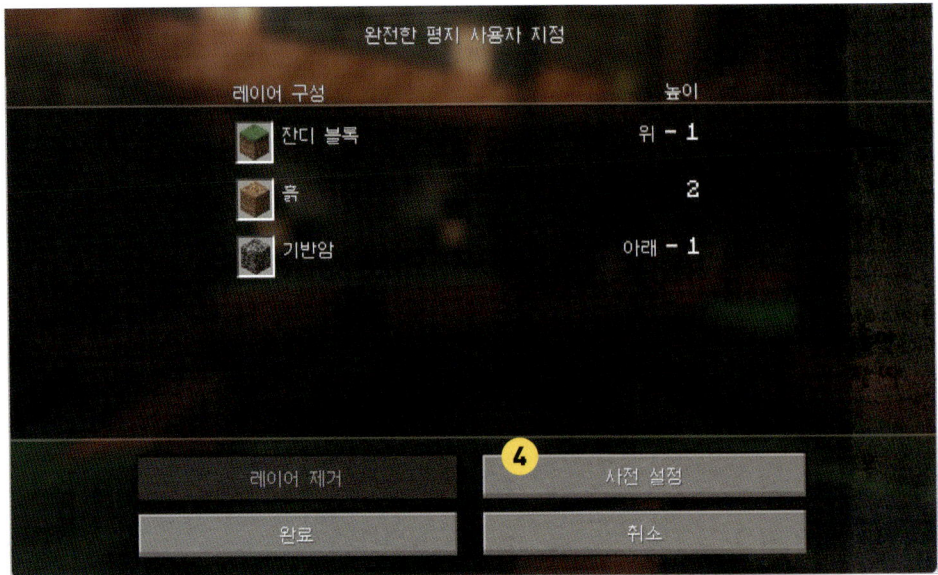

5 '물의 세계'를 선택한 후 설정 문구 맨 끝에 'deep'을 'warm'으로 수정합니다.

6 '사전 설정 사용'을 클릭합니다.

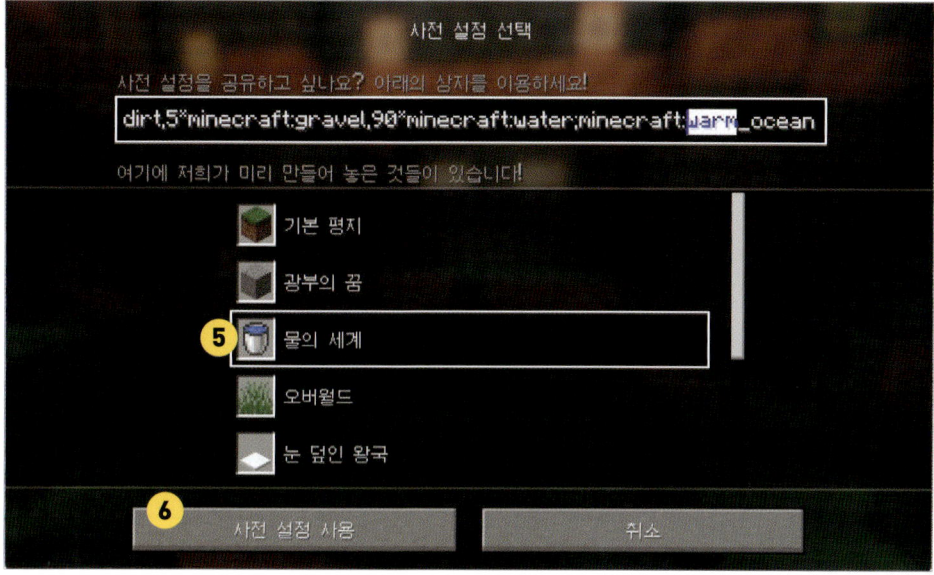

7 생성된 레이어 구성을 확인하고 '완료'합니다. 이어서 '새로운 세계 만들기'를 클릭하여 완료합니다.

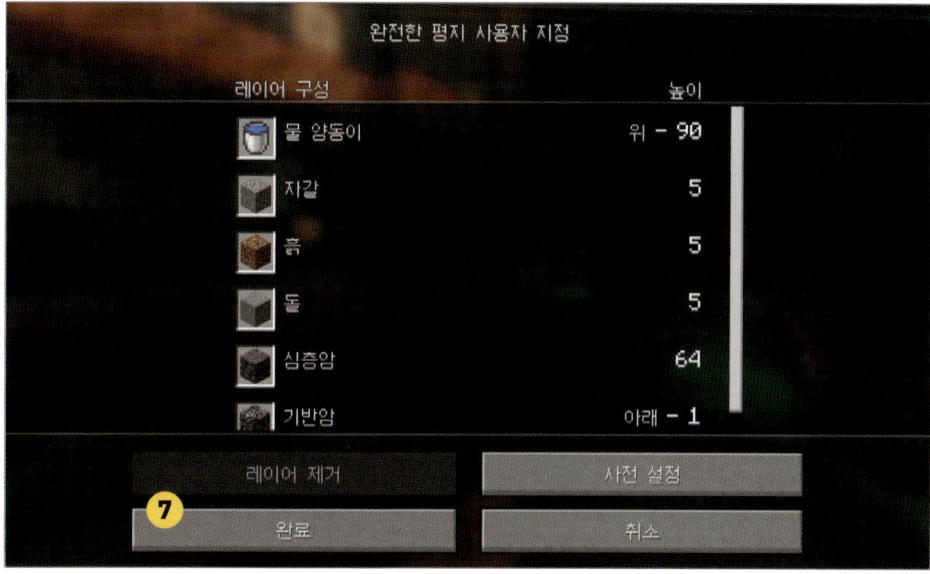

 와우. 완전히 깊은 바닷속이네요. 제가 확인해 보니 해수면의 높이는 105예요!

 이제부터 미니게임을 만들어야 하는데 이번 미니게임도 민건이의 기획이 아니기 때문에 무얼 어떻게 만들어야 하는지부터 설명해주어야 할 것 같다.

 그리고 선생님, 제게 시간을 조금 주신다면 따뜻한 바다에 어울리게 산호초들을 만들겠습니다. 이쁘게요. … 다 됐습니다. 우연이가 많이 도와줬지만 그래도 너무 힘드네요. ㅎㅎ

 그럼 첫 번째 문제부터 시작해보자.

문제

미니게임 만들기와 플레이가 원활하도록 다음과 같이 세계를 설정하세요.

- 만들기가 편하도록 시간은 낮 시간, 날씨는 맑은 날씨로 고정하세요.
- 명령어 블록의 출력 상태가 화면에 표시되지 않게 설정하세요.
- 몹들이 생성되지 않도록 설정하세요.
- 게임 난이도는 쉬움(하)으로 설정하세요.
- 화재 방지를 설정하세요.

게임 룰의 설정은 혼자 할 땐 거의 하지 않아서 익숙하진 않지만, 선생님이 알려주신 명령어들을 이용해서 아래와 같이 설정했어요.

```
/time set day
/gamerule doDaylightCycle false
/weather clear
/gamerule doWeatherCycle false
/gamerule commandBlockOutput false
/gamerule doMobSpawning false
/difficulty easy
/gamerule doFireTick false
```

그래. 혼자 미니게임을 만들 땐 시간과 날씨가 큰 영향을 안주니까 필요에 따라 설정하면 되었지만, 지금은 책을 보는 친구들에게 조금이라도 깨끗한 화면을 보여주기 위해 설정하는 거지.
물론 완성된 후 플레이 할 때를 위해서도 그렇고! 그럼 다음 문제를 풀어볼까?

> **문제**
>
> 좌표 이해가 쉽도록 세계의 중심(0, Y, 0)으로 이동하세요. 그리고 그곳에서부터 가로, 세로의 크기가 각 100칸인 사각의 울타리를 만드세요. 단, 높이는 해수면부터 143까지로 하며 천정과 바닥은 채우지 않습니다.

민건

앞선 지민이의 미니게임이 '마지막 미니게임을 준비한다'는 목적이 있다는 말의 의미가 이것이군요! 거의 같은 구조로 만들면 되니까 바로 진행해볼게요. 제일 먼저 이동부터 하고…

```
/tp 0 143 0
```

다음은 100칸이니까 1부터 100까지로 채우고 벽은 하나씩 만들어요.
블록은 퍼퍼 블록이 좋겠어요.
동생들을 위해 그림 설명을 추가해볼게요.

① /fill 1 106 1 100 143 1 minecraft:purpur_block
② /fill 1 106 1 1 143 100 minecraft:purpur_block
③ /fill 1 106 100 100 143 100 minecraft:purpur_block
④ /fill 100 106 1 100 143 100 minecraft:purpur_block

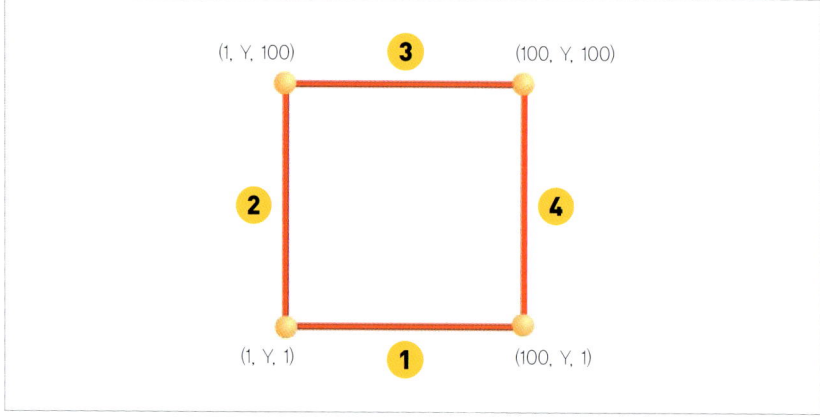

여기서 Y값은 106과 143을 지정해줘야 해요. 63부터 100까지 벽을 세워야 하니까요. 그리고 벽의 순서는 중요하지 않아요.

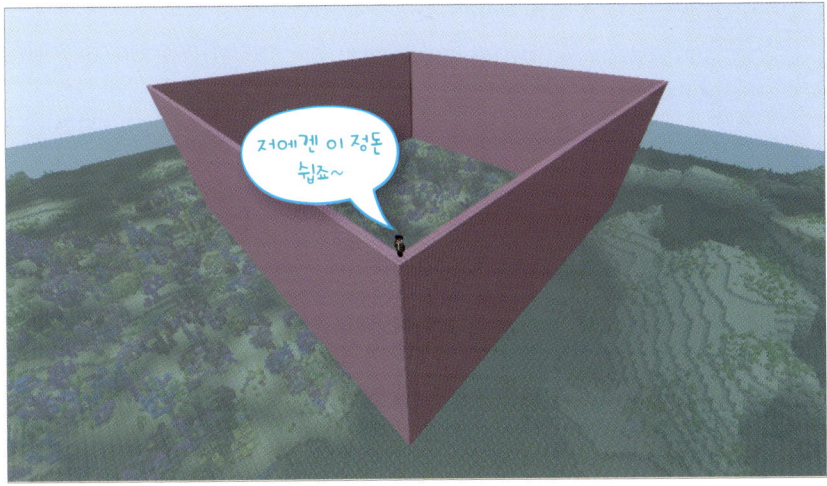

역시 문제 없이 한 번에 잘했구나! 설명도 잘했고… 다음으로 넘어가볼까?

 **문제**

벽 안쪽 해수면 바로 위에 작은 공터를 만들어 시작 지점으로 이용하고 이곳에서부터 다음과 같은 설정 및 개발을 시작하세요.

- 시작지점에 월드 스폰을 지정하세요.
- 시작지점에 스폰 포인트를 지정하세요.
- 다섯 번째 줄부터 Y 높이가 143이 되는 곳까지 올라가는 점프 맵을 만드세요. 점프 맵 코스는 난이도 쉬움(하)과 어려움(상)으로 2개를 만드세요.
- 2개의 점프 맵이 만나는 끝지점에서부터 시작하는 달리기 맵을 만드세요.
- 점프와 달리기를 재미있게 플레이 할 수 있도록 코딩해보세요.

 민건: 작은 공터를 먼저 만들어야 하네요. 그런데 어디에 만들죠?

 선생님: 문제에 좌표에 대한 내용이 없어서 어디에 만들지 모르겠니? '벽 안쪽 해수면 바로 위'라는 문구가 있는데?

 민건: 아니 그건 알지만 바다이 다 물이에요. 아! 물론 할 수는 있어요!

```
/fill 45 107 45 55 107 55 minecraft:purpur_block
```

공터의 중심 좌표는 50, 107, 50입니다.

꼭 중심에 배치해야 하는 것은 아니지만, 이 또한 너의 자유이니 이대로 진행을 해보자. 대신 전체적인 미니게임을 생각하며 진행해야 해.

알겠어요. 다음 문제는 아까 명령어로 설정해요. 갠 서버를 열었을 때를 위해 플레이어들이 시작할 곳을 월드 스폰으로 설정하고, 바로 이어서 저의 원활한 작업을 위해 스폰 포인트도 설정해요.

```
/setworldspawn 50 109 50
/spawnpoint @a 50 109 50
```

그래. Y좌표값에 1~2 정도 더해주는 것까지 잘 설정했다. 이제 다음 문제를 진행해야 하는데 난이도 쉬움(하)과 어려움(상)의 의미를 기억하고 있지?

그럼요. 사실 이건 미니게임 만들기를 몇 번 연습했잖아요. 처음엔 너무 어렵게 만들어 동생들이 점프 맵을 시작도 못하게 만들었었죠!
이젠 배려심을 가지고 쉬운 점프 맵을 만들게요. 그리고 난이도에 따라 코스의 길이를 다르게 해야 하는 것도 잊으면 안되고요!

점프 맵은 구석에서 시작할게요. 이곳의 좌표는 98, 108, 3입니다.

TIP

필요 이상으로 점프 맵을 보여드리는 것 같죠? 하지만 좌표에 근거한 건축이 아니기 때문에 전체적인 형태를 봐놓을 필요가 있습니다. 또한 여러분도 이처럼 자유롭게 점프 맵을 만드세요. 자유롭게 만든 점프 맵을 직접 테스트 해보면서 자신과 친구들의 수준에 맞게 난이도를 조정해봅니다.

 민건

다음은 난이도 어려움(상) 점프 맵인데요. 난이도 쉬움(하) 점프 맵의 시작지점과 끝지점이 같지만 거리는 짧아야 해요. 그리고 어느 정도의 실력자만 성공할 수 있어야 하고요. 사용할 블록은 '말린 켈프 블록'입니다.

점프 맵 끝 / 점프 맵 시작

 선생님

블록의 종류는 자유니까 상관없고… 점프 맵도 길이와 난이도를 잘 만든 것 같구나. 물론 테스터들이 테스트까지 해주니까 필요하면 조금씩 조정하면 되고. 이제 달리기 맵을 만들어볼까? 미니게임을 하고 바로 이어서 달리기 미니게임을 할 수 있게 말이지.

제가 fill 명령어를 잘 사용하기 때문에 빨리 만들 것 같아요. 하지만 막상 설명하자니 좌표를 충분히 이해해야 하는데 책을 보는 친구들에겐 어려울 수도 있을 것 같아요. 그래서 벽을 이용하기로 했어요. 벽을 따라 달리고 반대쪽 모서리까지 가면 달리기가 끝나는 것이죠.

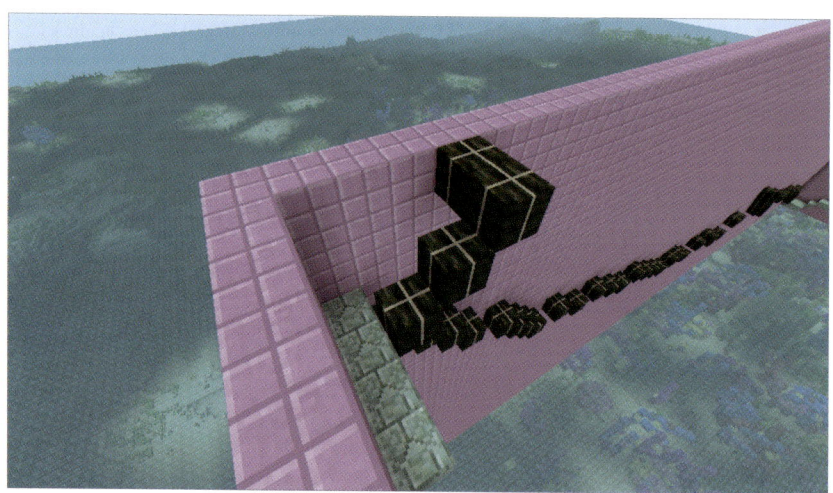

정말 간단하게 벽으로 올라가는 계단만 만들면 끝이에요.

그래 좋다. 안 그래도 코딩 책과 어울리지 않게 블록 쌓기에 대한 이야기가 길어져서 걱정하고 있었는데 잘 끝내줬구나. 이제 어서 문제의 마지막을 진행하는 코딩을 시작해보자.

네, 재미있게 플레이 할 수 있도록 코딩을 할게요.

가장 먼저 할 것은 시작 코딩인데요. 세계(서버) 내의 플레이어들을 점프 맵 시작지점으로 불러와서 게임에 대한 간단한 설명을 해줘요.

흠. 점프 맵의 시작지점으로 순간이동을 하려면 그곳의 좌표값을 알고 있어야 하잖아? 자유롭게 점프 맵 건축을 했기 때문에 친구들마다 해당 좌표값이 다르겠네?

네. 친구들도 [F3]을 눌러 자신의 좌표를 확인해야 해요. 저도 점프 맵 시작지점에 가서 좌표를 다시 확인하고 올게요. 그리고 명령어 블록을 준비해서 아래와 같이 코딩을 해야 해요.

```
/give @p minecraft:command_block
```

1. gamemode survival @a
2. tp @a 98 109 3
3. title @a title {"text":"복합 미니게임을…"}
4. title @a title {"text":"시작합니다."}

버튼을 누르면 아래와 같이 이동해요. 친구들도 이렇게 이동되며 타이틀이 보인다면 다음으로 넘어가도 돼요.

다음은 동생들도 사용했던 스폰 포인트 자동 갱신 코딩이에요.

친절하게 중간중간에 스폰 포인트를 자동으로 설정해주려는 것이구나? 사실 네가 미니게임 만들기 연습할 때 보니까 타이틀도 함께 띄워주던데.

할 수 있는 것은 최대한 많이 활용하는 것이 좋은 것 같아요.
간혹 실수해서 더 복잡해지는 경우도 있지만 설명을 하나라도 더 해주면, 좀 더 게임 진행이 수월해지니까요. 편하게 진행돼야 재미도 더 느끼거든요. 하지만 이번엔 타이틀은 생략할게요.

민건: 스폰 포인트 자동 설정은 정말 간단해요. 명령어 블록과 압력판만 있으면 되거든요. 우선 아래 명령어로 다시 크리에이티브 모드로 변경해요.

```
/gamemode creative @a
```

그리고 아래 그림처럼 명령어 블록을 아래에 배치하고, 위쪽엔 압력판을 배치해요. 명령어 블록엔 상대좌표를 적용한 명령어를 넣어주면 끝이에요.

5 spawnpoint @p ~ ~2 ~

압력판을 밟고 아래 명령어로 리스폰(kill) 했을 때 그곳에서 스폰 되면 잘 된 거예요. 마지막으로 명령어 블록을 복제해서 필요한 곳에 같은 방법으로 배치해요.

```
/kill @p
```

이번엔 중간 마지막이 아니라 복합 경기 미니게임의 진짜 마지막 작업입니다. 선생님과 미니게임 만들기를 하며 배운 것 같지만, 아쉽게도 제가 원하는 명령어를 정확히 모르고 있어요.

그래 괜찮아. 명령어 하나하나를 외울 필요는 없어. 지금처럼 전체적인 흐름을 이해하고 무엇을 하려는지 생각하는 능력만 있으면 잘하고 있는거란다. 그래서 어떤 명령어가 필요한 거니?

아래 그림처럼 달리기 까지 하고 마지막 도착지점의 압력판을 밟으면 끝나게 하려는데요. 저는 앞의 동생들 처럼 팀이나 혼자만 하는 게임이 아니기 때문에 1등한 사람의 아이디를 화면에 띄워주고 싶어요.

누가 1등을 했는지 알리고 싶은 거구나?

아래의 명령어를 이용해서 마무리 해보자.

6. title @a title {"text":"성공! ","extra":[{"selector":"@p"}]}
7. tp @a 50 109 50

드디어 완성이네요. 선생님 그동안 감사했습니다.
이제 저는 수학 공부하러 갈게요.

 TIP

난이도 조절을 위해 민건이의 개발은 이 정도로 하겠습니다. 여러분도 여기까지 잘 진행되었나요? 어려움 없이 진행되었을 거라 생각되는군요. 그럼 본격적으로 업그레이드를 진행해보겠습니다.

업그레이드(Upgrade)
복합 경기 ❶

이번엔 간단한 조언(Tip)이 아니라 업그레이드를 진행해보겠습니다. 이 말은 복합 경기 미니게임의 부족한 부분이 많다는 뜻이기도 하죠. 가장 먼저 미니게임 진행에 중요한 기능이 하나 빠져있습니다. 테스터들이 테스트를 시작하기 전에 기획자 중 한 명인 우연이의 설명을 듣고 보완해보도록 하죠.

원래의 미니게임은 오버 월드의 육지에서 만드는 것이었어요. 그래서 높은 곳에서 떨어지면 자연스럽게 리스폰이 되었죠. 하지만 깔끔한 설명을 위해 물 위에서 만들다 보니 떨어지면 난감해져요.

맞아. 실제 우리가 미니게임을 만들며 공부한 것들이 많이 제외되거나 간소화 되긴 했지…암튼 어떻게 이 문제를 해결해야 할까?

음..수면 바로 위에 배리어(barrier) 블록을 깔면 어떨까요?

```
/give @a minecraft:barrier
```

위 명령어로 배리어를 들고 생각해볼게요.
들고 있을 땐 빨간색 마크(파티클의 일종)가 보이지만, 그렇지 않을 땐 완전 투명한 블록이에요.
그리고 아래 명령어로 채우면 쉽고요. 물론 좌표를 넣어주야 해요.

```
/fill ~ ~ ~ ~ ~ ~ minecraft:barrier
```

그것도 방법이 될 수 있지! 하지만 우연아, 코딩 책에 맞는 좋은 코딩 명령어를 소개하는 것이 어떨까? 지섭이가 기획했던 '사방 블록에 따라 효과나 순간이동을 시키는 달리기 미니게임'도 막상 이 책에선 제외되었지만 그 때 알려준 명령어를 사용해보자.

아! 달리기 미니게임에 사용했던 거죠? 실행 명령어는 자주 사용해서 쉽게 코딩 할 수 있는데… 그래도 선생님이 조금 봐주세요.

음… 실행(execute) 명령어는 아래처럼 조건에 따른 명령어 실행이 가능한 구조예요. 여기서 조건은 '만약 발 아래 물이 있다면'이 되고, 그 결과 리스폰 시키는 명령어(kill)를 실행하는 것이죠.
'@e'는 모든 엔터티를 대상으로 하고, '@s'는 해당하는 사람만을 대상으로 한다는 의미예요. 물론 명령어 블록의 설정도 필요해요.

① `execute as @e at @s if block ~ ~-1 ~ minecraft:water run kill @s`

테스트를 해보니 잘 되는구나. 이젠 개발이나 테스트할 때도 물을 조심해야겠어. 테스터들과 함께 다른 문제들이 더 있는지 확인해볼까?

선생님. 난이도 쉬움(하)으로 가는데 물을 받아 놓은 곳이 있어요. 떨어지는 것보다 무섭네요.

제가 가서 물을 없앨게요.

그리고 계속 누가 때려요. 점프를 할 수가 없는걸요.

그래. 특히 시작지점은 여럿이 모여있으니 더욱 그러하겠다.
우연이가 팀 관리를 하는 코드들을 추가해볼까?
앞에 나왔던 기능이니 간단하게 명령어들만 실행해보자.

네, 알겠어요. 코딩은 책을 보는 친구들이 직접 할 수 있을 것 같으니 아래와 같이 팀(GAME)을 만들고 팀원들끼리 공격하지 못하게 하는 명령어들을 실행하기만 할게요.
참고로 코딩은 마지막 명령어만 시작 버튼 신호에 연결하면 됩니다.

```
/team add GAME
/team modify GAME friendlyFire false
/team join GAME @a
```

업그레이드(Upgrade)
복합 경기 ❷

테스터로부터 점프 맵이 지루하거나 너무 어렵다는 의견이 접수되었습니다. 보통 난이도 수준의 점프 맵이 하나 더 필요하네요. 때마침 건축 전문 준섭이가 빠르고 쉽게 점프 맵 만드는 방법을 설명해준다고 합니다.

준섭: 건축은 공간 좌표와 명령어에 대한 이해가 충분할수록 빨라집니다. 여기에 명령어를 이용해 코딩까지 하면 속도는 물론 멋까지 만들어 낼 수 있어요.

선생님: 그렇지! 건축을 단순히 블록 쌓기로 생각하고, 블록 하나하나 쌓으며 만드는 것은 너무 많은 시간을 필요로 하니까. 물론 그러한 시간이 모이고 모여 공간을 이해하고, 코딩의 필요성을 느끼기 때문에 무조건 나쁜 것은 아니지만 말이야. 그럼 어떻게 점프 맵을 만들 거니?

준섭: 지금 상황에선 화살을 대상으로 블록을 소환하는 방법이 좋을 것 같아요. 이번에도 선생님이 명령어를 봐주세요.

선생님: 명령어를 외울 필요는 없어. 필요할 때 물어보거나 책을 보고 사용하면 되는 거니까. 그렇게 반복해서 사용하다 보면 자연스럽게 많이 사용하는 명령어는 외워지는 거야.
다른 친구들도 코딩에 필요한 명령어들을 모아놓은 책이나 이건 미니게임 만들기 책을 보면서 코딩 공부하면 좋을 거야. 물론 선생님들과 함께 한다면 더 좋겠지만. 그럼 바로 만들어볼까?

이번에도 명령어 블록을 하나 준비해요. 나중에 '반복형', '항상 활성화'로 설정하고요. 특이점은 이번 명령어 블록은 작업이 끝나면 없앨 거에요.

② execute as @e[type=minecraft:arrow] at @s run setblock ~ ~-1 ~ minecraft:sea_lantern

그리고 앞의 명령어를 명령어 블록에 넣어주요.
여기서 '@e[type=minecraft:arrow]'는 화살을 대상으로 한다는 뜻이에요. 그 뒤는 블록을 배치하는 명령어 부분인데 바다 랜턴(sea_lantern) 블록을 적용해 볼게요. 다음으로 활을 준비해요. 하지만 아직 절대 쏘면 안됩니다.

 준섭아, 멋지게 만드는 것도 좋지만, 책을 보는 친구들이 편하게 볼 수 있도록 만들어보자. 알았지?

 네. 그럼 시작지점으로 가서 몇 개의 갈래만 만들어볼게요.

적당한 높이와 방향으로 활을 쏘세요.
우클릭을 길게 해야 멀리 날아가는 것 다들 알고 있죠?

눈 깜짝할 사이에 길이 반쯤 만들어 졌어요~

중간중간에 스폰 포인트를 설정하는 기능을 넣어주면 끝이에요.
물론 테스터 주언이 형이 테스트를 하면서 난이도 조절을 조금씩 해줘야 하지만요.

오호. 난이도 어려움(상), 보통(중), 쉬움(하)에 맞게 조절해줄게.
참고로 난이도 상은 부스터점프까지 할 수 있는 사람만 성공할 수 있을 거야.

 TIP

한 번 날아간 화살은 잡을 수 없습니다. 계획 없이 화살을 쏘면 수많은 블록을 하나하나 제거해야만 하죠. 큰 그림을 생각하며 진행하세요.
작업이 끝나면 준섭이와 만든 명령어 블록은 제거해주세요. 이러한 방법은 기하학적인 모양의 건축을 할 때도 사용될 수 있습니다. 여러분들도 잘 응용해서 사용해보세요. 어떤 측면에서 보면 선생님들이 알고 있으면 더 많이 활용할 코딩 같군요!

업그레이드(Upgrade)
복합 경기 ❸

지금까진 점프 맵에 집중되었지만, 엄연히 복합 경기 미니게임이니 달리기 맵을 업그레이드 해보겠습니다. 지민이부터 총 4개의 구간을 만들어보겠습니다.

저의 달리기 구간은 '행운의 문 고르기'입니다. 3개의 문으로 구성된 관문이 4개 있고요. 모두 통과해야 다음 구간으로 갈 수 있어요. 3개의 문들 중에 하나는 함정이기 때문에 실력과 무관하게 운이 없다면 떨어지게 되는 것이죠.

지민아, 코딩에 대해서 어떤걸 알려주고 싶은지도 알려줄래?

앞서 만든 제 미니게임에도 적용되었던 효과(effect)를 관리하는 방법을 설명할게요.

그래, 그거 좋겠다. 그리고 문도 단숨에 지나갈 수 있는 포털 형태로 만들어야 할 거야.

네, 그래야 멈칫거리지 않고 들어갈 수 있으니까요. 그런데 어디에 만들죠?

 기존의 벽 위를 달리는 것은 너무 시시하니까 첫 번째 달리기 맵의 자리를 만들어볼까? 가장 먼저 아래 그림처럼 점프 맵의 끝지점을 정리하자. 그리고 밖으로 나가는 통로를 준비하는 거야.

그 다음 벽의 밖으로 25칸의 블록을 길게 연결하자. 통로에서 걸어나올 수 있어야 하니까 통로 바로 아래의 높이로 말이지.

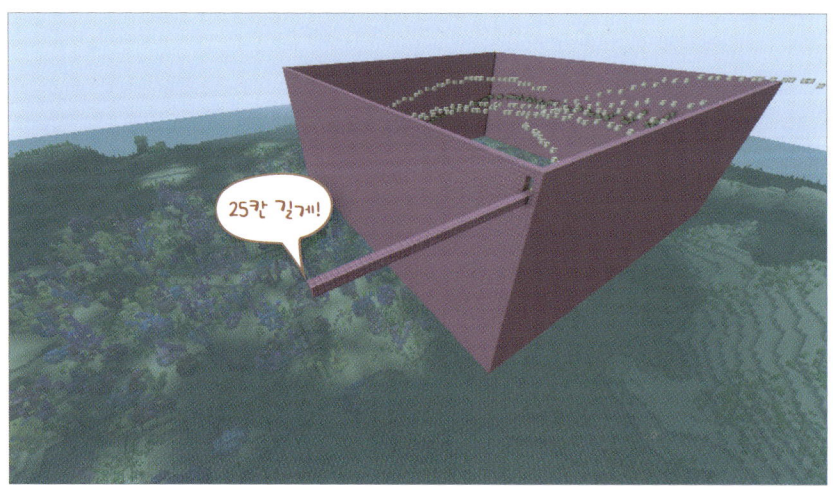

그리고 아래 그림처럼 가장 끝에 있는 블록이 화면 중심(+)에 오도록 이동하고, '/fill'을 한 다음 한 칸 띄고 키보드의 탭 키를 누르는 거야.
3개의 좌표에 맞게 탭을 3번 누르고, 엔터를 치고 이동하는 것이지.

X(2), Y(140), Z(-24)이 나오면 엔터

다시 아래 그림처럼 반대쪽 끝 위치로 이동해서 블록을 하나 배치하자. 배치한 블록이 화면 중심(+)에 오도록 한 후 채팅창(/)을 열고 키보드의 '위 방향 키'를 한번 누르는 거야. 그러면 채팅창에 앞에서 입력하다 멈춘 명령어가 나오게 되고, 스페이스로 한칸을 띄운 후 탭을 3번 누르면 해당 블록의 X, Y, Z 좌표를 쉽게 입력할 수가 있어.

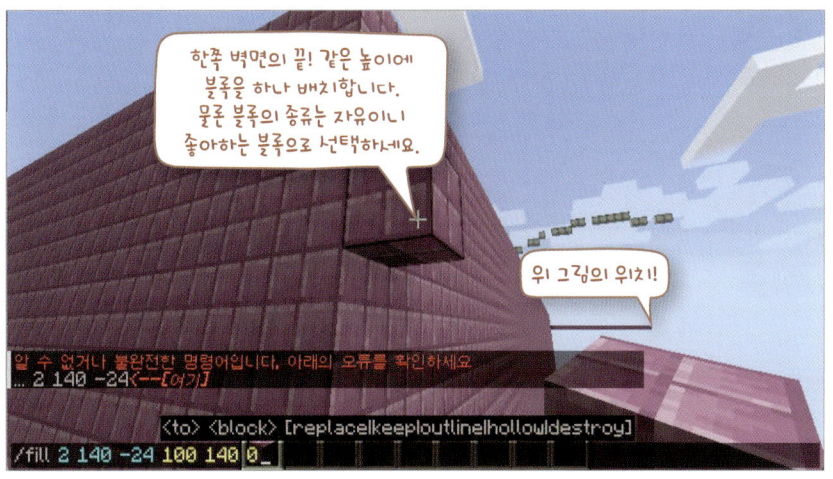

한쪽 벽면의 끝! 같은 높이에 블록을 하나 배치합니다.
물론 블록의 종류는 자유이니 좋아하는 블록으로 선택하세요.

위 그림의 위치!

블록은 퍼퍼 블록으로 하자. 결국 아래와 같이 명령어가 완성되고 실행하면 넓은 면적의 공간이 생성되는 거야.

```
/fill 2 140 -24 100 140 0 minecraft:purpur_block
```

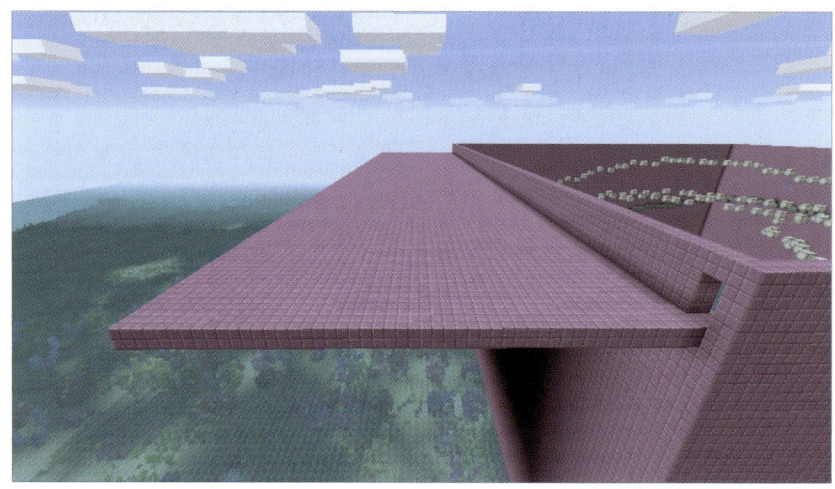

와우. 부담 갈 정도로 넓은데요! 전체를 만드는데 시간 좀 걸리겠어요.

아무래도 그렇겠지? 그렇다고 블록 쌓기를 또 보여줄 필요도 없고 말이야. 그러니 사용할 명령어들만 설명하고 전체는 생략하기로 하자. 책을 보는 친구들은 알아서 만들 테니까 말이지.

네, 알겠습니다! 간단하게 설명해볼게요.

매번 반복되지만, 아래와 같이 명령어 블록을 먼저 준비할게요.
그리고 바닥에 2개를 배치하고 '반복형', '항상 활성화'로 설정해요.

```
/give @p minecraft:command_block
```

그리고 아래의 명령어를 각각 입력해요. 순서는 상관없어요.
하나는 효과를 부여하는 것이고, 다른 하나는 제거하는 것이니까요.
이 2개의 명령어로 적당한 곳에 배치해서 미니게임을 만들면 됩니다.
참고로 '10'은 시간(초)이고, '5'는 속도값이에요.

```
effect give @a[distance=..2] minecraft:speed 10 5
effect clear @a[distance=..2]
```

 TIP

위 블록을 눈에 보이지 않도록 한 블록 아래쪽에 배치해도 됩니다. 첫 번째 달리기 구간에 여러분만의 멋진 달리기 미니게임을 만들어보세요.

업그레이드(Upgrade)
복합 경기 ❹

이번에는 건축에 대한 방법을 설명합니다.

앞에 지민이가 행운의 게임을 만들었으니 다음에는 미로를 만들면 괜찮을 것 같아요. 점프 맵도 그렇듯이 실력으로 해결하는 코스와 실력이 부족해도 되는 코스로 구분되도록 말이죠.
우선 선생님이 지정해주신 곳에 아래의 명령어로 두 번째 달리기 구간을 만들어볼게요.

```
/fill 125 140 1 101 140 100 minecraft:purpur_block
```

그래, 잘했다. 이번엔 미로를 만들 차례인데 시간이 좀 걸리겠지? 우린 코딩에 집중해야 하는 것을 잊지 말고 만들어보자.

얼마나 정성을 들이느냐에 따라 시간이 다를 수 있지만, 지금은 간단하게 저의 아이디(닉네임:MisterSeop)로 만들게요. 그리 오래 걸리진 않으니 잠시만 기다려 주세요.
일단 아래 그림처럼 바다랜턴으로 글씨 길을 만들어요. 벽을 먼저 만들어도 되지만 이처럼 길을 만들면 조금 더 편하죠.

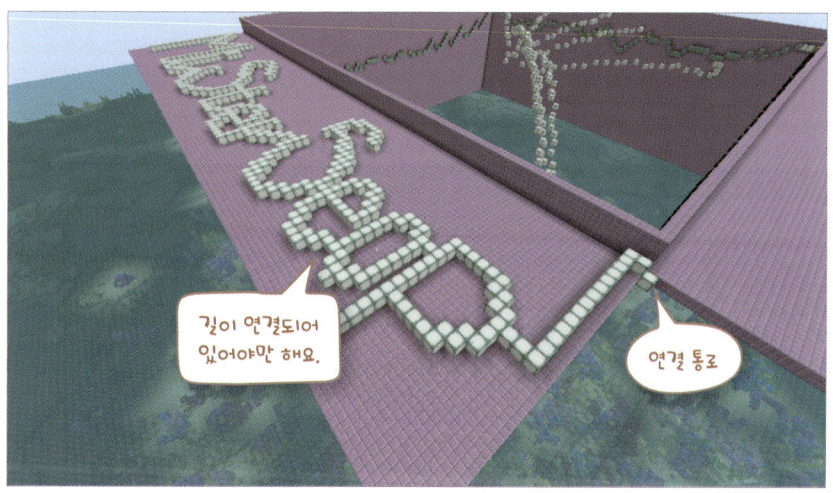

길이 연결되어 있어야만 해요.

연결 통로

앞선 구간에서 넘어오는 곳(연결 통로)도 만들어야 하고요.
시간이 많다면 정말 괜찮은 미로를 만들어서 친구들에게 보여주고 싶네요.

기다리지 않게 해주셔서 고맙다. 순수 건축에 대해선 다음 기회에 보여주기로 하고, 이제 미로 벽의 높이를 올려보자.

이제부터 친구들이 정말 명령어의 편리함과 필요성을 느낄 수 있을 것 같아요.

명령어를 실행할 땐 실수 하지 않도록 한 번쯤 더 생각해보고 실행해야 해요. 그리고 복제(clone) 명령어를 충분히 이해해야 하는데 핵심은 좌표예요. 이번엔 제가 좌표를 아래처럼 알려주지만 앞으로는 친구들이 스스로 생각해야 하는 부분입니다.
자, 이제 아래의 명령어들을 순서대로 실행해요.

```
/fill 125 141 1 101 141 100 minecraft:purpur_block replace air
/clone 125 141 1 101 141 100 101 142 1 filtered minecraft:purpur_block normal
/clone 125 141 1 101 141 100 101 143 1 filtered minecraft:purpur_block normal
```

완성된 미로! 매우 간단한 미로입니다. 명령어에 집중해 주세요.

일반적으로 많이 사용했던 명령어지만, 하위 설정들을 잘 이용하면 준섭이처럼 빠르고 멋진 건축가가 될 수 있다는 걸 다른 친구들도 잘 알았을 것 같구나.

fill 명령어와 clone 명령어만 잘해도 건축이 정말 빠르고 쉬워집니다. 여러분들도 자신들만의 멋진 미로를 만들어보세요.

업그레이드(Upgrade)
복합 경기 ⑤

우연이의 초기 기획은 하늘 높은 곳에서 좀비들은 물론 다른 플레이어들과도 신나게 PvP를 하는 것이었지만, '싸움은 코딩 공부에 방해가 된다'는 의견에 따라 다음과 같이 변경하여 만들기로 했습니다.

저의 구간은 정말 간단해요. 하늘 위에 나뭇잎 블록을 소환해서 나뭇잎이 시들기 전에 지나가는 것이죠.

선생님도 오래 전에 그런 걸 만들었지만, 지금은 달리기 구간의 크기가 정말 넓은데 플레이어가 지나갈 수 있을까?

그래서 달리기 구간 전체를 대상으로 하지 않고 중간중간에만 나뭇잎 달리기를 만들려고 해요.

그 방법이 좋겠구나. 그럼 바로 만들어볼까?

네. 가장 먼저 아래 명령어로 저의 달리기 구간을 만들게요.

```
/fill -24 140 2 0 140 100 minecraft:purpur_block
```

우연

통로 추가

그리고 또 다른 달리기 코스로 들어올 수 있도록 통로를 하나 더 추가해요.
다음은 아래 그림처럼 출입 통로를 만들어요. 저도 건축이 빠르지 않기 때문에 1개의 구획만 만들게요.

출입통로

다음은 명령어 블록을 다음 그림 처럼 놓고 명령어를 입력해요.
그리고 앞에서 배운 좌표 지식을 활용해서 만들어야 해요.

```
fill -24 140 20 0 140 36 minecraft:oak_leaves
```

우연

지워진 영역과 나뭇잎 영역이
다를 수 있습니다.
스스로 좌표를 조정해보세요.

무작위로 없어지기 때문에 나름 재미있을 것 같아요. 그리고 다른 블록에 붙어 있는 잎들은 오래가기 때문에 출구의 위치도 중요해요.

선생님

그래. 나뭇잎을 더 빨리 또는 더 느리게 없어지게도 할 수 있지만, 다른 환경에도 영향을 주니까 기본 상태에서 진행하는 것으로 하자.

 **TIP**

여러분들은 남은 구간도 비슷한 방식으로 만들어보세요. 좌표와 명령어를 생각하면서 진행해보세요.

업그레이드(Upgrade)
복합 경기 ❻

마지막은 다시 준섭이가 진행합니다.

제가 만들 마지막 달리기 구간은 순수 달리기가 아닙니다. 몬스터들과의 싸움을 주제로 하죠.
물론 코딩 공부에 방해가 되기 때문에 저는 친구들과 싸우는 미니게임 대신에 친구들과 힘을 합쳐 몬스터들을 처치하는 방식을 선택했어요.
우선 아래의 명령어로 마지막 달리기 영역을 만들어요.

```
/fill 1 140 125 100 140 101 minecraft:purpur_block
```

제작대를 준비해 두는 것이 핵심입니다.

그리고 앞의 그림처럼 끝지점에 제작대를 준비하고 끝 압력판을 밟기 위해 블록이 하나 필요한 상태로 만들어요. 그 다음 아래 그림처럼 달리기 영역의 시작되는 부분에 명령어 블록을 두 개 놓고 아래 명령어를 입력해요.

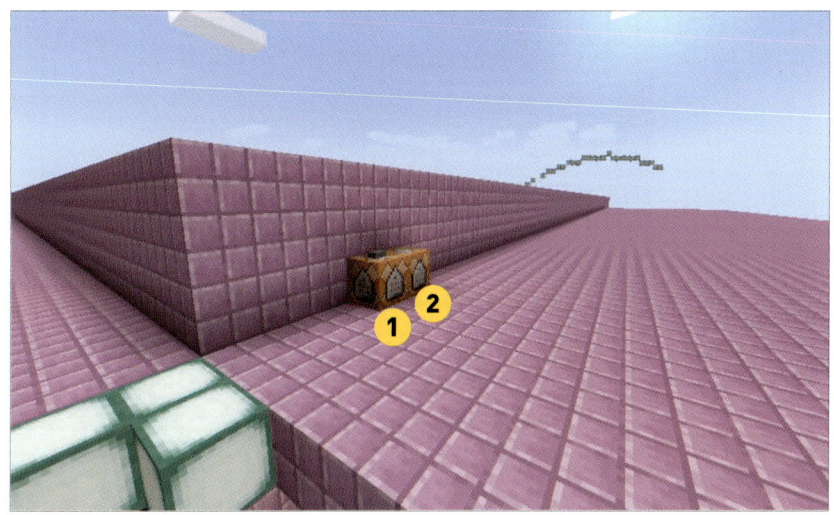

① `give @p mace[minecraft:enchantments={levels:{looting:100}}]`
② `time set night`

버튼을 누르면 꽤 쓸만한 무기가 나올 겁니다. 자신의 실력에 맞춰 '100'을 조정하면 더 재미있을 거예요. 다음은 아래의 명령어를 실행해서 다음 페이지의 그림처럼 몬스터들을 소환하는 스포너(spawner)를 배치해요.

`/setblock ~ ~ ~ minecraft:spawner{SpawnData:{entity:{id:piglin}},Delay:50} destroy`

피글린이구나! 황금 조각을 모아 황금 블록을 만들어 올라가게 하려는 것이니? 명령어 뒤 Delay 50을 실력에 맞게 잘 조절하자.

맞아요, 선생님. 그러기 위해선 살아남는 것이 가장 중요하죠!

그리고 잊지 말고 낮으로 바꿔주는 것과 황금 블록을 제거하는 코딩도 해주셔야 해요. 그래야 다음에도 재미있게 플레이 할 수 있을 테니까요.
위 그림처럼 명령어 블록을 하나 추가하고 아래의 명령어를 입력하면 끝입니다. 위 그림처럼 명령어 블록을 두개 추가하고 아래의 명령어들을 입력하면 끝입니다.

③ time set day
④ fill ~-5 ~-5 ~-5 ~5 ~5 ~5 minecraft:air replace minecraft:gold_block

fill 명령어의 깨알 같은 팁까지 생각했구나.

아래의 그림과 같이 드디어 상자가 열렸습니다. 여러분들도 그러한가요?
이제 상자 안의 선물을 가지고 조용히 생각해 볼 시간입니다.
게임만을 위해 게임을 즐기시겠습니까? 아니면 게임을 이용해 코딩 공부를 하시겠습니까? 초등학생 때야말로 코딩 공부하기 좋은 시기입니다. 코딩에서 느낀 불편하고 부족한 부분들은 이후 수학 공부를 하며 채워나가게 될 것입니다. 그 뒤에도 여전히 프로그래밍을 공부하고 싶다면 다시 컴퓨터 앞으로 오세요. 기다리겠습니다.

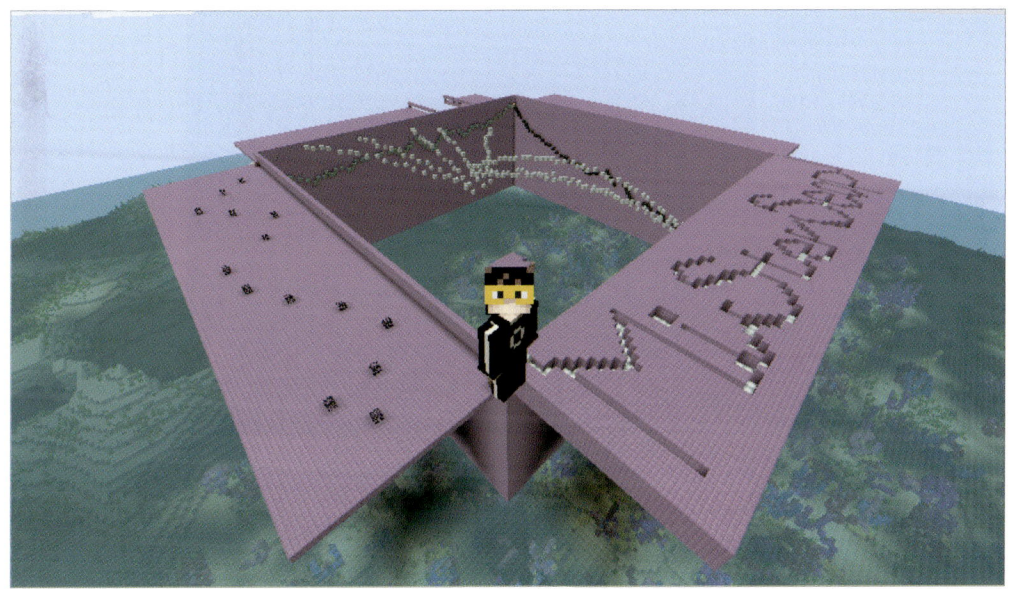

마지막 글

코딩 공부를 한다는 것은 컴퓨터를 대상으로 논리적인 생각을 연습한다는 것입니다. 물론 논리적인 어른이나 규칙이 명확한 게임(오프라인) 등을 통해서도 논리적인 생각을 연습할 수도 있지만, 나의 논리를 정말 정직하고 명확하게 판단해주는 것은 컴퓨터 만한 것이 없죠.

더 정확히 말한다면 판단이 아니고 반응이라고 봐야겠군요. 컴퓨터가 내가 의도한 결과를 출력하지 않는다면 나의 논리가 틀렸다는 말이 되는 것이고, 계속 연습하다 보면 컴퓨터는 나의 언어에 따라 할 수 있는 모든 것을 해줄 것입니다. 이 책을 통해 다른 어른들이 느낀 점을 함께 살펴보는 것으로 저의 글을 마치겠습니다.

*

김JG 원장님 : 경기도 안산시 초, 중 코딩 수업 및 코딩 학원 운영 :

아이들이 제일 좋아하는 마인크래프트로 코딩 교육을 한다니! 호기심으로 처음 책을 보고 따라 하다 보면 현실세계를 공간좌표로 인식하는 변화가 생깁니다. 그리고 미니게임을 만드는 과정을 통해 논리적 사고와 문제 해결 능력을 키우고, 다양한 블록을 이용해 아이들의 창의성이 무한 확장되며, 게임 스토리 텔링을 통해 인문학적 소양도 길러지는 흥미로운 책입니다.

*

한예슬 선생님 : 컴퓨터 미술교육, 이 책의 스킨 제작 :

기술이 발전하면서 컴퓨터와 프로그램을 활용해 그림실력이 없어도 원하는 그림을 쉽게 제작할 수 있게 되었습니다. 미술 테크닉과 같은 도구보다 창의력이 더 필요해지는 시대가 다가오고 있는 것이죠. 이러한 미래에서 요구하는 창의력과 논리력을 키우는 것에 코딩 공부가 큰 도움을 줄 것입니다.

✱
임새봄 어머님 : 컴퓨터를 활용한 수학, 음악 공부에 관심이 있는 학부모 :

'공부는 즐거운 것이다.' 이것만 알아도 충분합니다. 여러 종류의 교육들이 창의력을 사라지게 만드는 작용을 하기에, '저희 아이가 생기를 잃고 로봇처럼 되는 것 같다' 한탄하며 해결 방법을 찾던 때였습니다. 스스로 생각해내는 힘을 요구하는 교육이 유일하게 코딩 수업이 더군요. 아이들의 무궁무진한 상상력과 창의력이 날마다 펼쳐지길 응원합니다.

✱

많은 친구들이 알고 있듯이 마인크래프트는 버전이 올라갈 때 마다 명령어 체계와 여러 환경이 변경되기도 합니다. 앞으로 새로운 버전에서 이 책의 명령어가 인식되지 않을 경우 1.21의 세계에서 계속 공부해도 좋지만 저의 유튜브(https://www.youtube.com/user/ok2401)와 네이버 블로그(https://blog.naver.com/ok2401)를 통해 변경된 명령어를 확인하시기 바랍니다.

미래의 함께 만든 프로그래머들

이준섭　　　　노우연　　　　김민건　　　　한지민

이지섭　　　　주성민　　　　윤현준　　　　김사랑

문주언　　　　문차희　　　　임성재　　　　연하람

마인크래프트로
시작하는 코딩 개정판

1판 1쇄 발행 2024년 10월 10일

저　　자 | 이상원
발 행 인 | 김길수
발 행 처 | (주)영진닷컴
주　　소 | (우)08512 서울특별시 금천구 디지털로9길 32
갑을그레이트밸리 B동 10층
등　　록 | 2007. 4. 27. 제16-4189호

ⓒ2024. (주)영진닷컴
I S B N | 978-89-314-7770-2

이 책에 실린 내용의 무단 전재 및 무단 복제를 금합니다.

YoungJin.com Y.
영진닷컴